张远航 ◎ 主编

中国近代马克思传记稀有版本文献

①

恩格斯马克思合传

【苏】李阿萨诺夫 ◎ 著
李一氓 ◎ 译

图书在版编目（CIP）数据

恩格斯马克思合传 /（苏）李阿萨诺夫著；李一氓译. -- 北京：中央编译出版社，2025.6. --（中国近代马克思传记稀有版本文献 / 张远航主编）. -- ISBN 978-7-5117-4922-2

Ⅰ. A721；A711

中国国家版本馆CIP数据核字第202549818L号

恩格斯马克思合传

选题策划	张远航
责任编辑	周雪凝
责任印制	李 颖
出版发行	中央编译出版社
地　　址	北京市海淀区北四环西路69号（100080）
网　　址	www.cctpcm.com
电　　话	（010）55627391（总编室）　（010）55627312（编辑室） （010）55627320（发行部）　（010）55627377（新技术部）
经　　销	全国新华书店
印　　刷	廊坊市印艺阁数字科技有限公司
开　　本	710毫米×1000毫米 1/16
字　　数	137千字
印　　张	21.5
版　　次	2025年6月第1版
印　　次	2025年6月第1次印刷
定　　价	2380.00元（全7册）

新浪微博：@中央编译出版社　　微　信：中央编译出版社（ID：cctphome）
淘宝店铺：中央编译出版社直销店（http://shop108367160.taobao.com）（010）55627331

本社常年法律顾问：北京市吴栾赵阎律师事务所律师　闫军　梁勤
凡有印装质量问题，本社负责调换，电话：（010）55627320

序　言

马克思传记是研究马克思主义思想的不可或缺的重要资料。在近代中国,许多中国革命者和学者都为翻译、创作马克思传记作出极大贡献,这不仅促进了马克思主义在中国传播与发展,也加强了与国外马克思研究学界的密切联系。本次汇编的《中国近代马克思传记稀有版本文献》主要包含了自1929年至1949年这二十年间,中国学界翻译、撰写的马克思传记作品。全套文献共分为七册,主要包括李阿萨诺夫(即梁赞诺夫)所著的《恩格斯马克思合传》、马克斯·比尔所著的《马克思传及其学说》、里亚札诺甫(即梁赞诺夫)所著的《马克斯与恩格斯》、梅林所著的《马克思传》、李季所著的《马克思传》(上、中、下册)。此次所甄选的稀有版本都是具有经典性、参考性、代表性的文献资料,读者能完整地看到这些历史文献的原始样态,清晰地了解到马克思传记在近代中国的传播状况。

本套文献收录的《恩格斯马克思合传》(以下称为"《合传》")是1929年上海江南书店印行的版本,《合传》的"译者序"指出,本书是对作者李阿萨诺夫"马克思与恩格斯"这一演讲稿的整理,另外译者对本书在当时语境中所产生的价值作了较为中肯的分析。《合传》共分为九章，其作者大卫·梁赞诺夫（David Riazanov，1870—1938年）是前苏联马克思主义理论家、文献学专家、19世纪20年代MEGA研究的灵魂人物，对《马克思恩格斯全集》的编纂工作作出卓越贡献。他也是《马克思恩格斯全集》历史考证版的主要策划人、执行人和精神领袖。《合传》译者李一氓（1903—1990年）曾于1928年3月同阳翰笙共同编辑《流沙》，其后在1930年4月，参与发起成立中国社会科学家联盟，并为中国左翼文化界总同盟的负责人之一。

《马克思传及其学说》由比尔著、易桢译。本次收录的版本是1930年由社会科学研究会出版的版本。比尔（Max Beer，1864—1943年）是德国史学家。全书分为绪论、父母与朋友、马克思主义的形成时代、狂风暴雨的年代与命运的变迁、马克思主义体系、结论等六部分。易桢的译本为民国时期的中国读者打开了一扇阅读马克思传记之窗。比尔在"小前言"中写道：要彻底理解这位科学社会主义的创造者——马克思的伟大教训，首先便不可不熟悉他的生平奋斗的经历，并指出本书根据T.C.帕廷顿（T. C. Partington）和H.J.斯滕宁（H. J. Stenning）的英译本转译。

由里亚札诺甫（即梁赞诺夫）著、苏迅译的《马克斯与恩格斯》于1939年由言行出版社出版。本书是作者在莫斯科社会主义学院讲述马克思恩格斯的生涯与事业时所使用的通俗讲义。本书在题名《原著者里亚札诺甫》的篇目中指出："读者将于此可看到马克思主义的思想行动体系之生动的发生与发展的故事，及历史上最重大的文字合作的真实的描写。"

梅林所著的《马克思传》翻译成中文后，1946年由骆驼书店出版发行。弗·梅林（Franz Mehring）是德国马克思主义者，长期从事德国工人运动史研究。1918年梅林的《马克思传》一经出版就迅速传播并赢得赞誉，成为20世纪上半叶关于马克思传记的经典版本。本次甄选的版本的译者是罗稷南。罗稷南是中国知名翻译家，译著有《暴风雨》《双城记》《马克思传》《有产者》等长短篇小说、戏剧、论文、传记二十余种。

李季（1982—1967年）是早期共产党人，李季所著的《马克思传》（上、中、下册）于1949年由神州国光社出版。该传记作为中国学者撰写的首部长篇《马克思传》，具有较高的研究价值，其所著的马克思传记分为四个时代：少年时代、壮年时代、中年时代与晚年时代。该传记体例、注释、取材都较为规范；内容翔实，见解独到，是李季在进行了充足的理论储备与资料研究之后所写就的成果。

本套稀有文献力求对1929至1949年这二十年间的马克思传记版本进行系统的整理与汇编，有助于读者对马克思恩格斯原典的理解，有助于构建中国特色的马克思主义文献典藏建设。

恩格斯馬克思合傳

恩格斯馬克思合傳

李阿薩諾夫原著

李一氓譯

上 海
江南書店印行
1929

目 录

译者序 …………………………………………… 1

原著者李阿萨诺夫 ……………………………… 1

第一章 …………………………………………… 1

第二章 …………………………………………… 19

第三章 …………………………………………… 40

第四章 …………………………………………… 66

第五章 …………………………………………… 96

第六章 …………………………………………… 121

第七章 …………………………………………… 157

第八章 …………………………………………… 190

第九章 …………………………………………… 249

附录 ……………………………………………… 281

中英特种名词对译 ……………………………… 285

譯者序

本書是李阿薩諾夫的講演稿，原名"馬克思與恩格斯。"是一種合傳的形式，實在照傳記體的體製說來，這不是一部傳記的書。

這本書在中國，中國的情形假定是與外國一般，則急切的尚沒有謠譯的必要。因為我們要讀，真正的讀一部馬克思或恩格斯的傳記，這本書是不夠的。但是中國沒有過，從沒有過一部馬克思傳的書，恩格斯傳的書更不要提起。但是或許我們會記憶到，三分之一的馬克思傳是在中國露過面的，

(1)

而且還不是謠譯的第二手貨。

這譯本並不想望担負填補這缺陷的任務。牠或者會給讀者的只是一座馬克思與恩格斯的造像模型的輪廓而已。輪廓我們當然不滿足,但是聊以慰於無。實在的,我們不要以爲這本書是"馬克思與恩格斯"的合傳,這只是一本"由英國產業革命(1760)到恩格斯死(1895)的一百三十五年中的歐洲勞動運動史",牠告訴我們這時期的勞動運動狀況,比告訴我們的馬克斯與思格斯,還要詳盡,做"馬克思理論體系"的布丹,批評此書,以爲這太不像傳記,因爲內容不合於傳記的條件,零瑣的事情太多,只能給讀過馬克思詳傳的人備參攷。不錯的,但是這位批評家是坐在美國呀!——布丹原文載今年二月份"現代史料"。

我們囘想產業革命在距今一百六十八年,恩格斯之死在距今三十三年,中國社會在這一時期中,以純粹的封建社會,由鴉片戰爭以後,受國際資本帝國主義的掠奪,而淪爲國際市場,封建的手工業的生產關係,漸次崩潰,勞動運動在這關係中

(2)

長養起來，已經要直追上歐洲的運動，而這運動的突飛進展，尤不過是近十年中的事體，但是在歐洲是一七六〇年就開端了。在這一點上譯者同讀者或者是可以引以自慰的。

這譯文或許是也如布丹所批評英譯本的"不充分"，"不適合"，而且這就是由英譯本重譯的，但是大胆的譯出來，這不惟要以了卻許多人世的因緣，或者還可以作這一年來所以糊塗混了過去的一種回憶。

譯者　一九二八，十一月，卅日。

原 著 者
李 阿 薩 諾 夫

李阿薩諾夫於一八七〇年三月十日生於俄羅斯之阿德薩地方。還在十五歲的靑年時代，他就參加民衆運動，而且致力於硏究社會科學及勞動運動史。在一八八九年與一八九一年，他因爲要熟習創建俄國勞動運動的俄國政治逃者之各種不同的傾向，就出國訪問俄國的馬克思主義者們。李阿薩諾夫第二次游歷歸來，在邊境上被捕，經過候審的十五個月的監禁，判處四年的徒刑。刑期完了之後，在警探監視之下，流配柏薩拉比亞的克西勒夫

(1)

地方。

一九〇〇年,李阿薩諾夫得到再出國的機會,他專力於科學的研究。一九〇五年俄國發生革命之後,他立刻回來很活動的參加聖比德堡的工會工作。一九〇七年重復被捕,可是他不久依然離開俄國。革命的失敗與反動的當權,使李阿薩諾夫得到繼續他科學工作的機會。他把馬克思主義的歷史與理論作為他研究的園地,并且擔負起研究國際工人協會,通稱為第一國際的史實。德國社會民主黨的文卷保藏處,藏有許多關於馬克思與恩格斯的書籍,這供給了李阿薩諾夫研究的豐富的庫藏,李阿薩諾夫加緊他的研究,移住倫敦,到英國圖書館裏去努力閱讀。他在那裏研究馬克思與恩格斯有著作發表的出版物。他細心閱讀紐約郵報,尤其是從一八五二年到一八六二年的,抄錄下馬克思與恩格斯所寫的論文或未署名的著作,因為墨林已在一九〇一年印行了只由一八四一年到一八五〇年內馬克思與恩格斯的著作彙刊(題為"馬克思與恩格斯著作彙刊,"共三卷,柏林出版。)李

(2)

阿薩諾夫的研究使他公布馬克思與恩格斯後十年的著作。一九一七年，李阿薩諾夫印行了兩卷由一八五二年到一八五六年的馬克思與恩格斯在紐約郵報，大憲運動者的人民新聞及其他各處發表的眞確的著作之彙刊，（題爲"馬克思與恩格斯遺著"1852——1862柏林出版。）

補充這兩卷書，李阿薩諾夫再印行馬克思著作之特別用詞之研究的解譯。過去十五年中，李阿薩諾夫在德國俄國發表的專門研究馬克思的思想與運動的歷史的各時期的論文，在俄國合刊爲六百五十頁的一卷。

由蘇維埃政府的贊助，一九二〇年，李阿薩諾夫在莫斯科建立名震世界的馬克思恩格斯學院，并且同着許多院員，把他全力都來搜求，研究世界社會主義運動的發展與淵源的科學的史實。感謝他的努力，現在該學院的圖書館已經藏有很豐富的社會學的著作，特別是關於德國，法國，英國，及俄國的。在積聚了大宗的馬克思與恩格斯的原著并且加以校訂之後，由李阿薩諾夫爲總編輯，學院

(3)

開始刊行三十六卷的馬克思與恩格斯全集。十九世紀社會史的研究者，沒有人比馬克思與恩格斯在這世紀內主要五十年所成的著作，再能為進一步的檢查。因為這樣，學院企圖發行一部全集的國際版本。社會主義與社會主義運動的研究者將第一次的得到科學社會主義創始者的全部著作。該版本包括馬克思與恩格斯著作的知名不知名的部分，現正由對馬克思研究有二十年不斷努力與專心的李阿薩諾夫負責準備。並且學院同時發行著名的馬克思著作家的選集；一九二六年，仍由李阿薩諾夫為總編輯，在佛蘭克佛開始印行馬克思恩格斯文錄，包括學院教授所指導的注意的馬克思主義研究所得的結論。

知道李阿薩諾夫是對於馬克思主義歷史有豐富智識的人，都希望他做一本關於馬克思與恩格斯的生平與思想的書。關於已經出版的馬克思傳記如墨林所作的，"馬克思：生平"柏林，一九二三年本，第四版。）與其他研究馬克思的較短的著作，李阿薩諾夫指出他們對於主要事件之簡缺。就

（ 4 ）

是他們對恩斯格寫的很少。只有馬逸爾所著的第一卷講到恩格斯前三十年的歷史。(4)"恩格斯傳"柏林一九二四年版。)

是書為李阿薩諾夫在莫斯科社會主義學院講演馬克思與恩格斯的生平與工作之集稿。李阿薩諾夫不只以小說的體製同時來敍述馬克思與恩格斯，——大概有四十年的光陰，這個人的著作對那個人的著作的互相的交贊而且差不多不能分別的——他還把馬克思自己的方法來敍述這兩朋友，兩同伴的生平與工作。這樣不平易的傳記的研究，我們不只對於馬克思與恩格斯的成就與其天才的發展有所認識，而且給我們以他們由青年生長到成年，到老年的時代與社會狀態的學者式的描寫。這兩朋友所經過的智識的路線，他們單獨發展的與共同發展的思想的體系，他們生平所工作的與實現的行動的綱領，所有這一切都差不多在全世紀的社會背景襯托之下，敍述出來。

在未曾引出馬克思或恩格斯之前，我們先就了解英國產業革命與法國大革命的意義，與歷史

(5)

的任務,及兩者對於政治經濟之影響。德國,尤其是馬克思與恩格斯產生與長育的萊茵省,關於圍繞他們的氛圍氣,關於他們成年後所接近的智識之羣,關於他們尚未確定意識形態之前所經過的社會的與哲學的鬥爭,李阿薩諾夫都有很靈動的描寫,這使我們看見馬克思與恩格斯肉搏的前進而成為十九世紀第二個二十五年中席捲全歐的龐大的社會鬥爭之中心人物。歷史的唯物論,共產主義運動的起源,馬克思與恩格斯參加一八四八年革命的活動,最先與納薩爾意識形態之鬥爭,及最後與巴枯甯之鬥爭,巴黎公社,工人第一國際組織之形成,馬克思與恩格斯以領袖資格活動的參加國內許多無產階級的運動,他們豐富生命的結果之大量的著作遺產,一切這些有明瞭印像的光芒,都是李阿薩諾夫以其對馬克思智識的嗜好來寫成的。

讀者將於以下尋得所由得名的馬克思主義之生長的史實與思想的及行動的體系之發展,而且尋得歷史內很有意義的共同著作之嚴密的描

(6)

述。

康理司先生由俄文本譯成英文本,馬克思恩格斯學院供給了很多本書所引用的原句的册子。

一九二七年二月,亞力山大·托頓堡序

第 一 章

英國之產業革命
法國大革命及其對德國之影響

馬克思與恩格斯是於人類思想有絕大影響的兩人。恩格斯的名位，比較起來似乎遜於馬克思。以後我們要看見他們的互相關係。馬克思是十九世紀史中不容易得到的一個人，他的事業與他的科學主張，其成就決定許多國家之繼承代的思想與行動。馬克思死了四十多年了。然而他還是生

(1)

存的。他的意思不斷的影響同支配很遼遠國家的文化，在生前牠們尚且不知道他的名字。

我們將企圖認識馬思克與恩格斯所生長與活動其中的條件與環境。每人都是一定的社會環境的產物。每個天才創造出新的東西。可是他創造的根據卻在他以前就成在了。他不會從眞空裏發出芽來。還有，眞正的決定一個天才的成就，第一就要確定以前所成功的事體。確定社會文化的程度，確定生出天才與其吸取心理的與物質的滋料之社會形態。所以我們要了解馬克思，我們先就要研究那時候的歷史背景同給他的影響——這也就是馬克思方法的實際應用。

馬克思是一八一八年五月五日生於萊茵普魯士的特里夫城；恩格斯是一八二〇年十一月廿八日生於同省的巴門城。這都很有意義的，他們生在同國同省，而且差不多同年。在他們的感應與賦形的青年時代，馬克思與恩格斯都受十九世紀初期三十年代中許多激變事件的絕大影響。一八三〇年與一八三一年是革命的時代；一八三〇年法國

(2)

發生七月的革命，從西方到東方把全歐都席捲於中。就是普魯士，是也受波及而有一八三一年之波蘭叛變。

在七月革命自身，牠不過是另一很重大的革命高潮的積層。可是我們只有從牠的結果，才能了解馬克思與恩格斯所生長其中的歷史背景。十九世紀的歷中，特別是馬克思恩格斯發生會社意識之前的三十年代，畫出兩大基礎事實·英國的產業革命與法國的大革命。英國的產業將近在一七六〇年已經開始，經過一個長時期，在十八世紀末年達於極盛時代，差不多在一八三〇年才告一個段落。"產業革命"這個名詞是屬於英國的。這是指十八世紀後半期的那個過渡時代，那時英國正在轉變為資本主義國家。已經存在有勞動階級，無產階級——這就是沒有財產，沒有生產工具，被迫着把自己的人類勞動力當成商品來出賣以獲得生存的一種人的階級。雖然十八世紀中年，英國資本義主的性質，還不脫手工業制的生產方法。但已不是陳舊的手工業生產，有店主，兩三個匠人，一些藝徒的

(3)

一種小企業。這種傳統的手工業制度，已經被資本主義的生產方法打破了，十八世紀之後期，英國的資本主義生產已經完全入於工廠手工業時代。這時代的特點，除了資本家掠奪勞動者與工作場的加大之外，產業的方法幷莫有超過手工業生產的範圍。從技術與勞動組織的觀點上，有幾點是與舊來手工業方法不同的。資本家雇用一百到三百的手工業工人在一個廣大的工廠裏，這完全異於以前五六個人在一個狹小的作坊裏。無論何種業務，在一羣工人中，立刻表現出分工的高度及其結果。這就是資本主義的企業，沒有機械，沒有發動機的機體，但是分工與各個產業部分之零碎的生產方法，就這樣進行了。恰在十九世紀中年，工廠手工業階段，達到牠的最高點。

只是在十八世紀的後半期，切近的說是從六十年代起，生產技術基礎的自身才開始改變。引用新式機械來代替舊的工具，機械的發明是在一種英國的特要的產業部門，紡織業中發生的。一個連一個的發明，激越的改變了紡織業的技術。我們

(4)

不必去計算這些發明。但是可以滿足的說，在八十年代前後，紡織用錘是都已發明了。在一七八五年，瓦特的完整的蒸汽機是發明了。工廠便可在城市中建立，而不必因為取得水力的關係只能建立於河岸。關於生產的集中與積蓄，也附帶的創造出很便利的條件。自採用蒸汽機後，企圖用之為各種生產部門的發動力的願望也實現了。但是進行的情形，不必如一般書冊所說的那樣順利。從一七六〇年到一八三〇年這個時代，在史實上劃為大產業革命時代。

默想一個國家，在七十年內，不絕的採用新發明，生產是變得從來未有的集中，小手工業生產是不斷的在壓迫，破壞，吞拼的過程中。小紡織作坊是被毀碎無遺。產生了前所未有的大量無產者來代替手工業工人，代替十六世紀十七世紀就發展了的，到十八世紀前半期仍然不占英國人口重要部分的舊勞動者階級。十八世紀末年與十九世紀初年的勞動階級，就被包含入人口之可注意部分，而且在同時代的社會關係上，決定了且留下了一定

(5)

的痕迹。同着產業革命，勞動階級自身陣營內也發現了一定的堆積。經濟關係的根本變遷與舊式手工業者生活的習慣方式之顛覆，這種情形壓迫到工人身上，立刻使他們感到昨天與今天之痛苦的差別。昨天甚麼都好，昨天在雇主與工人之間還遺留有一定的建立的關係。現在甚麼都變了，雇主冷酷地把十個百個工人趕走不用。歸咎於生存狀況的根本改觀，勞動者活躍的反抗起來。鼓勇去打倒這種新的情形，他們就開始反抗。暴燥的忌恨，如焚的憤怨，自然最先就引他直接攻擊新的有力量的革命象徵，換言之就是他們認爲新制度一切的災厄與罪惡化身的機械。這是很明白的。在十九世紀初期，工人起來直接反對機械與新技術的生產方法的暴動事件，非常之多，無足爲怪。一八一五年，這種暴動在英國達到可驚的數目。(一八一三年紡錘才最後的完成。)這種運動那時傳染到各個產業區域。從單獨分子的力量，不久變爲有組織的反抗力，且有適當的口號與有能爲的領袖。這直接反對採用機械的運動，爲歷史上著名的拉德黨運動

(6)

據說這名字是從一個工人的名字取來的；又據說,這與神將拉德的名字有關係,工人用以簽布他們的宣言。

統治階級,當權的寡頭政治,以極殘酷的手段壓迫拉德黨人,機械的破壞者或損毀機械的企圖者都處以死刑。許多的工人送上斷頭臺。

要高度的發展這種勞動運動與充分的作革命宣傳,這裏先有一個需要。必定要告訴工人,這幷不是機械的罪惡,只是應用機械的制度的罪惡。立意造成工人爲有階級意識的革命羣衆,而且能夠同一定的社會問題,政治問題鬥爭,這種運動開始顯出英國的生活的熱烈徵候。詳細的敍述暫且不必,可是要注意這一八一五年到一八一七年的運動,在十八世紀末期,就開始了。要了解這種意義,必須轉眼看法國的情形;倘若沒有對法國革命影響之澈底的領會,則於英國勞動運動的開始,你就無法理解的。

一七八九年法國革命開始,一七九三年達到牠的最高點。一七九四年以後逐漸被武力解決。在

(7)

這幾年內，拿破崙的軍事獨裁制建立起來。一七九九年拿破崙完成他的政變計劃。在五年期的總督之後，一八一五年自立爲帝，統治了全法蘭西。

到十八世紀末年，法國完全是君主專制的國家，與沙皇統治的俄國，沒有甚麼不同。事實上政權全在貴族與僧侶的手裏。因好幾種貨幣的代價，他們出賣了一部分勢力與新興的財政商業資產階級。在莫有特權的小作坊主，農人，小商人，中等商人羣衆的強度革命運動影響之下，法國專制君主不得不相當的讓步。他召集了所謂國民大會。經過利害相反的兩社會集團，城市貧民與特權階級的鬥爭，政權移轉到革命的小資產階級與巴黎工人的手中，這就是一七九二年八月十日的事。該政權是表示在以羅伯斯庇爾，馬拉，或者更加一人丹敦，爲領袖的雅各賓黨之手。法國在這些邦逆的人的民手中管理了兩年。革命時巴黎就站在鬥爭的第一綫。代表小資產階級的雅各賓黨要把自己階級的要求，得到邏輯的結論。這些領袖們，小資產階級民主主義者，羅伯斯庇爾，馬拉，丹敦，他們把全

(8)

部資產階級當前的問題，都由他們來解決，就是擴清法國封建制度所有的遺跡，創建私產繼續有效與小有產者無礙的向別人圖利，獲取收入的自由政局。創建新政局的鬥爭與反對封建制度的鬥爭，與貴族的鬥爭，及與攻擊法國的東歐聯合軍之鬥爭，雅各賓黨羅伯斯庇爾與馬拉盡了革命領袖的任務。為與全歐為敵，他們不得不訴之革命的宣傳方法。鼓動羣動的力量，反對封建地主與君主的力量，他們提出"王宮戰爭，鄉村和平"的口號。在他們的旗幟上，他們寫着"自由，平等，博愛"的口號。

法國革命的初次勝利，在萊茵省起了反應。雅各賓黨在那裏也有組織。許多德國人都投入法國軍隊去當志願兵。在巴黎，他們有些參加革命組織的各部分。這全時期內，萊茵省受了法國革命的絕大響影，十九世紀初期一代的青年還生長在革命的英雄式的傳統的威力之影響下。甚至僭篡者拿破崙，在反對古代專制與封建歐洲的時候，也不得不靠着法國革命勝利的基礎，理由是因為他是僭

(9)

篡者，一個封建制度的敵人，他在革命軍中著手他的軍事事業。一大羣武裝不全的法國兵士與強固的普魯士軍隊相戰，而且打敗他們。他們是以熱情與人多獲勝。他們獲勝是因爲在射擊之前，他們就發佈宣言，這樣使敵人的軍隊離心而無意作戰。就是拿破崙的勝利，也不能不歸功於革命的宣傳。他很明白炮彈是偉大的武器，可是他終其身不知道革命的宣傳這個武器，牠能不費一槍一彈的。離散敵人。

法國革命的影響及於極東，甚至達於聖比得堡，是處人民得到巴士蒂爾陷落的消息，也狂歡而彼此擁抱接吻。

這時俄羅斯就業已有少數人在思想上得到法國革命事件的感應，卓越的人物是蘭德契夫。這勢力在歐洲各國都多少的感覺到；就是保有聯合軍來站在前鋒反對法國的英國亦不免。這不只強大的小資產階級分子感覺到，就是產業革命結果所產出的勞動者羣衆也不免。一七九一年到一七九二年英國第一個革命勞動組織。通訊會社出現，這

(10)

樣一個平淡的名稱，是在逃避英國禁止任何結社，與各地結社聯絡組織的法律。

十八世紀末期，英國已經是立憲政府。牠經過兩次著名的革命，一在十七世紀中年，一在十七世紀末年。（譯者按：為一六四二與一六八八，前者是國會率領圓頭軍與國王查利戰。後者是國會以武力迫詹姆士第二退位，另立威廉第三，是為一六八八年革命。）牠被認為世界上頂自由的國家，結社雖然是允許的，但禁止此社與彼社的聯絡。為逃避這種禁止工人組織的禁令，幸獲有下面的方法：他們建立通訊會社有可能時，就成為聯合會，彼此常常互相通信。倫敦社的首領是鞋工哈代。一個法蘭西系的蘇格蘭人。哈代（Hardy）真是個他的名字所標著的一個很艱苦的人。

他以這個社的組織者，他吸引了很多工人，他為他們預備集會的雜事。因為產業革命毀蝕舊式手工業生產的結果，入社的大部分是手工業者的鞋工與成衣工。成衣工蒲萊士在這裏是應提到的，因為他是英國勞動運動史裏的一角。還可以提到

(11)

一些人物，大多數是手工業者。但是在十八世紀末年負重要任務的一個鞋匠兼詩人，兼政治學者，兼演說家的哈爾克洛夫，是應當指出的。

一七九二年，其時法國宣言爲共和國，通訊會社得到駐倫敦法國大使的贊助，秘密的舉行一次表同情於這個革命集合的演講。這是初次宣告國際聯絡與同情的一個講演，給這集會以嚴重的印像。英國羣衆間就傳出統治階級忌恨法國的消息。這個集會通過一個特別議案，於是工人通訊會社與法國雅各賓黨的關係，就成了英國寡頭政制壓迫這些會社的口實。對哈代等人就有幾度的迫害。

英國的寡頭政制恐怕失落政權，不得不對興起的勞動運動採用酷烈的壓迫。凡是富於資產階級分子經過合法手續的組織與手工業者逃避法律所形成的組織，有一千八百個聯合會及會社，全被解散。有聯絡的工人會社特別受最酷的待遇。一七九九年，英國特別頒佈禁止工人組織的律令。從一七九九年到一八二四年，英國勞動階級完全失掉自由結會結社的權利。

(12)

回到一八一五年。以毀壞機械為唯一目的的拉德運動,成功為很有意識的鬥爭。新的革命的組織,為變更工人生存其下的政治環境的決心所激發。最先就要求集會,結社,出版的自由。頑強的鬥爭,由一八一七年開始,到一八一九年的"曼切斯特屠殺案"達於極度,這個屠殺案在聖比得場發生,英國工人把牠定名為"比得盧之戰。"大隊的騎兵開往去鎮壓工人,死了很多人之後這個小接觸才停止。更進一步的新的壓迫,就頒布所謂"六條例"又稱為"緘默律"者,以鎮壓工人。暴力壓制的結果,革命的鬥爭變得更激烈。一八二四年由蒲榮士的參與,他已經離開他的革命同志而轉變為順利的產業家,可是他還保留住與下議院激進派的關係,英國工人才獲得對革命運動讓步的著名的組織條例。組織工會來抵抗雇主的壓迫與改善他們生活的運動,才成為合法的運動。這標明英國工會運動的開始。這也是政治團體開始獲得普通選舉權的鬥爭的誕生。

同時一八一五年,拿破崙大打敗仗,路易十八建立起波旁王朝。這時開始的復古時代，差不多繼續十五年之久。由俄皇亞力山大一世的外力的幫助，得到王位，路易給與因革命而受損失的地主許多特權，土地是在農民手中握着不能恢復了，可是他們得到鉅額法郎的報酬，作爲慰勞。王室盡力於阻止新的社會關係與政治關係之發展，他想收囘以前被迫而給與資產階級的許多權利。由自由與保守兩方的衝突，波旁代不得不在一八三〇年被新的革命推翻。

十八世紀末年的英國，法國革命剌戟了勞動運動，經驗一個法國七月革命的結果的高潮。擴張選舉權的大運動，也開始了。據英國的法律，只有小部分人民享有選舉權，第一就是大地主，在他們的轄地中，他們常有只有兩三個選舉人的選舉區，通稱爲"腐敗選舉區"，他們只消直接送議員到國會就是了。

主要政黨，事實上就是地主貴族的兩派，搭利派與揮格派，都是很俯順的。較進步的揮格派，覺得有讓步與改良選舉的必要，結果戰敗保守的

(14)

搭利派而獲勝。產業資產階級得到選舉權,工人是只好向隅了。答覆自由資產階級的叛逆,(前通訊社社員蒲萊士是這叛逆的同類,)經過許多不成功的圖謀之後,一八三六年成立倫敦工人聯合會。該會有很有能為的領袖。最著名的是拉佛與黑塞靈頓兩人。一八三七年,拉黑同他的同志,提出勞動階級的基礎的政治要求。他們渴望把工人組織在獨一的政黨中。惜乎他沒有想到這是一個以自己的特殊綱領來反對別黨綱領的一定勞動階級的政黨,而認為是與其他政黨一樣,只是運用自己的勢力,在一國政治生活中圖謀占一部分的地位而已。在這資產階政治環境,他們想成為勞動階級的黨,但是他們沒有一定的綱領,沒有反對全部資產階級社會的特殊的經濟綱領。我們就可以來了解,假如我們去回顧奧大利亞,紐西蘭,就有這樣的工黨,牠們並沒有根本變革社會狀況的目的。牠們因為要去分得一些政權的原故,有時候還可以同資產階級政黨妥協起來。

在大憲章中,拉佛同他的同志提出工人的要

(15)

求成名為大憲運動。大憲運動者提出大大要求，是：普通選舉，無記名投票，國會年選，議員給俸制，取消議員財產條件，選舉區平均分配。

這運動在一八三七年開始，其時馬克思十九歲，恩格斯十七歲。在他們成人的時候。這運動達到極度。

法國一八三〇年革命打倒了波旁代，那時期革命組織的目的是在建設共和國，結果是以阿鹽代的代表為首的立憲君主制。在一七八九年革命的時候及後來在復古時代的時候，這一代是波旁代一系的反對派。菲立蒲是資產階級的典型的代表，法國君主的主要業務是使巴黎店主開心的金錢儲蓄。

七月王朝給與工業的，商業的與財政的資產階級以自由，助長了資產階級財富的進步，而鎮壓了正有組織傾向的工人階級。

三十年代之初，革命的會社都是學生與智識分子組織的，裏面簡直很少有工人，竟至於沒有。但是工人對於資產階級叛逆的抗爭的革命。一八

(16)

三一年在絲業中心的里昂爆發。里昂在工人的手中掌握了幾天，他們沒有提出甚麼政治要求，他們的旗幟上打出"工作則生，否則戰死"的口號。結果他們的是失敗的，一般的結果又跟着到來。一八三四年在里昂又起一次革命。牠的結果或者比七月革命結果爲重要。因爲後者首先激動了所謂民主的小資產階級分子，同時里昂革命是第一次表示了工人分子的意識，雖然囿於一城市的範圍，但牠舉起了對於資產階級革命的旗號，而且把工人階級的問題擺在面前。里昂無產階級所標舉的宗旨，雖然尙未直接反對資產階級制度的基礎，但是他們已經提出強硬的反對資本家及其掠奪的主張。

到三十年代中間，法國與英國的競藝場中，都步進了新的革命階級，無產階級。無產階級在英國企圖組織起來。同樣，在法國因爲里昂革命的結果，無產階級第一次想組織革命的團體。這個運動很顯著的代表就是法國最偉大的革命者之一，布浪葵，他曾經參與七月革命。而且使里昂革命得一

(17)

個印像，認定法國最革命的分子是工人。布浪葵同他的朋友在巴黎工人中進行組織革命的團體，別國的分子如德國、比國、端士的人都加入。由這樣的革命活動之結果，布浪葵同他的同志計劃一個革命的英勇的企圖。目的是在奪取政權同執行有利於工人階級的事務。這在巴黎（一八三九年五月）是歸於失敗。布浪葵判處無期徒刑。參加這次暴動的德國人也感到失敗的駭異的結局。還次應當提到的是蕭泊及其同志，也於數月後離開法國。他們都到倫敦去繼續他們的組織工作，一八四○年成立工人教育社。

這時馬克思二十二歲，恩格斯二十歲。無產階級革命運動發展的高潮與他們的成年同時。

第 二 章

德國之初期革命運動

馬克思與恩格斯之青年時代

恩格斯之初期著作

萊茵新聞主筆之馬克思

我們現在來談一八一五年後的德國歷史。拿破崙的戰爭告終結了。戰爭的靈魂不專屬於聯合軍,英國的指揮還要靠俄羅斯德意志,奧地利的加入呢。俄國占很重要的位置。"神聖的"沙皇亞力山大一世,在決定各國命運之不名譽的維也納會議上,負着很大的作用。在維也納促成和平事件的經過，幷不比上次帝國主義戰爭在凡爾賽議和惹得的糾紛好一點。革命時代所佔據的地域，在法國成為爭點。英國抓着所有法國的殖民地不放，而德國所企圖的解放戰爭的結果的統一，却憑空劈為兩部分。德國在北方，奧國在南方。

一八一五年後不久，德國的智識分子與學生發生一個運動，主要目的是在鼓吹德國聯邦之建立。首要的敵人是俄國。在維也納會議後，就聯合普魯士，奧地利為神聖同盟來反對任何革命運動。亞力山大一世與奧皇是發起人，實地裏不是奧皇而是奧國政治的工程師，同盟的靈魂，梅特涅。但俄國是被認為反動趨向的主幹；智識分子學生的解放運動發動出來，有了鮮明的目標，在促進德國人民的文化與啟蒙，以為聯邦之預備，就引起保守的反動的主力之俄國的傾心仇忌。一八一九年，一個學生沙德刺死德國著作家苛士布。轟傳他是俄國的偵探，這不無理由。這場惡劇在俄國也引起激動，後來的十二月黨人都把沙德看成理想人物，幷且成為梅特涅與德國政府壓制德國智識階級的口

(20)

實。學生社會中有不可遏止的現狀;變得很騷動,二十年代初期的革命團體就在這中間成立。

我們且敍述俄國十二月黨的運動,他們達到武裝暴動的企圖,而在一八二五年十二月十四日失敗。我們要曉得這不是俄國一國單獨的僅有的現象。這運動受了革命擾動的影響,發展到波蘭,奧國,法國,甚至西班牙的智識階級中。智識階級的這種運動有牠文學的影響,一八一八年到一八三〇年的有名的德國著作家,德國第一個政論家,猶太人柏涅,就是主要的代表。他對於德國政治思想的進化,有深切的影響。他是極端的政治民主主義者,他對於社會問題不感興趣,他相信人民要獲得政治的自由,甚麼事都會弄好的。

這樣到一八三〇年。七月革命搖撼了法國,牠的風波也震動搖了德國很有幾處發生暴動騷亂,但結果爲憲法的安協所制止。羣衆中沒有深固根底的運動,政府很可以短時間制止的。

第二個煽動的波浪又翻動了德國。受七月革命直接影響的一八三一年波蘭叛亂的失敗,使很

(21)

多波蘭的革命者受壓迫而逃亡到德國。德國智識階級間的舊傾勢得到更進的鼓勵，一方痛恨俄國，一方同情於俄國統治下的波蘭。

一八三一年後，由上述兩事之結果，略過七月革命的失敗，還有一些革命運動。我們應該簡單的說到。我們要對於青年恩格斯與馬克思在各方面得受影響的事件，特為注意。一八三二年有個運動集中於南德意志，不是萊茵省，是巴拉丁。與萊茵省相同，巴拉丁也是在法國手裏很久的，一八一五年才歸還德國。萊茵省是交與普魯士，巴拉丁却交與巴威（譯者按：德國聯邦之一）反動氣燄不低於普魯士的一個地方。這是很顯然的，過慣了法國寬大自由的萊茵人民，巴拉丁人民，為甚麼要激怒德國的壓迫。法國每次革命的高潮都增長牠們對於政府的反對。一八三一年，這種反對，於解放的智識階級，巴拉丁的律師著作家間得到可驚的進展。一八三二年，律師衛斯與西本費夫，在哈夢巴黑籌備廣大的集會。很多的演說家都上臺演講，柏涅也到了。他們決議要求自由的聯邦德意志之需

(22)

要。其中有位很年青才二十三歲的製刷人柏克,這裏的敍述,將隨時提到他的名字。柏克去勸說智識分子們,要他們不要過賴煽動,立刻就該預備武裝的暴動。他是個老派革命家的典型。一個很能幹的人,後來成為著作家,雖然不是出鋒頭的理論家,他是實際革命家的很好的模範。

哈夢巴黑集會後,柏克在德國住了幾年,他的工作與七十年前的俄國革命家一樣。他指導宣傳煽動,他以逃亡的形式或刼奪的形式去營救在獄的同志。這樣他幫助了不少的革命者。一八三三年,柏克與之很接近的一部分人,擬定武裝刼掠佛蘭克佛軍械庫的武器的計劃,柏克自己因此也下獄了,這時正在佛蘭克佛舉行大會,學生工人都確信計劃的武裝暴動可以成功,會創出一個遍及德國的狂暴出來。但是他們并沒有實現這回事。一個很勇敢的參加這次暴動的人,應當敍的是沙柏,他很幸運的逃囘法國。我們必需記着的是全部運動的中心,都集中在為法國長期統治過的各區域中。

在海市王國的革命運動亦有記述之必要。領

(23)

袖是維蒂牧師。宗教的靈魂，但是政治自由的熱心黨人，為聯邦德意志運動的狂熱的工作者。他辦了個祕密印刷機關，發行革命的書籍去引動智識階級。在這運動中有特出地位的智識分子是比勒爾，作"丹敦之死"的戲劇作家，他在政治的煽動上，特別以為引起海市農民的同情，是非常需要的，這是與維蒂不同者。他在維蒂的印刷所，特為印行宣傳農民的印刷物，這是這類印刷物初次的經驗。維蒂不久被捕，比勒爾之能逃脫，也在毫髮之間。他逃往瑞士，不久就死了。維蒂是被監禁起來，有意要使他受肉體的懲罰。這要說明的，就是維蒂是李布克奈西的叔父，李布克奈西是在這樣深切印像的影響之下，教養起來的。

為柏克設法營救出來的革命者尚有沙柏，夏士特，他們到巴黎就成立了一個祕密機關，逃亡社，因為夏士特與旁的住在巴黎的德國工人之參加，這個組織含有很鮮明的社會主義的性質。這就引出一種分裂。夏士特領導的一派組織正義同盟，在巴黎存在三年。人員都因參加布浪葵暴動，與布

(24)

浪葵黨人--同入獄。釋放後，夏士特同他的同志都到倫敦，他們在那裏組織工人教育社，後來轉變為共產主義的機關。

三十年代時深入於德國智識階級中心的柏湼，很有許多著作家與其一致。頂顯著之一就是詩人海湼，他也是著作家，他的巴黎通信，與柏湼的通信一樣，對德國的青年，有很重大的教育影響。

柏湼與海湼都是猶太人，柏湼是來自巴拉丁，海湼是來自馬克思與恩格斯所生長的地方萊茵省。馬克思也是猶太人。

始終一致的問題之一，是對馬克思後來的命運所蒙受猶太人的環境的影響的程度問題。

事實上，德國智識階級史，德國思想史，有四個猶太人有不可磨滅的功績。就是：馬克思，納薩爾，海湼，柏湼。其他也可以寫上，但這四個人是最顯著的。馬克思與海湼是猶太人，這在他們政治的發展方向上很有關係，這個事實應當註明。倘若大學的智識分子重苦於德國而抗議社會政治的統治，則猶太智識分子感到的束縛，還要痛切些；必

(25)

定讀柏涅的著作而後知德國檢查的奇刻,他在他的著作中,極端譏嘲無教育之德國與彌滿全國的警察精神,覺得還沒有開化的人民是無法去向此等醜污行為挑戰的。這種情形對猶太人特別重要。柏涅幼年全在佛蘭克佛的猶太鄉村過活,與中世紀黑暗狀況下猶太人過的生活差不多。海涅所過的也不輕減於此。

馬克思自己的境遇,却有不同。但這並不證明一些傳記家完全否認猶太人影響的主張。

馬克思是律師海甯·馬克思的兒子,老馬克思是受過高等教育,高等文化,自由思想的人。我們知道馬克思的父親是十八世紀法國啓蒙文學的渴慕者,所以差不多馬克思家庭裏充滿着法國精神。馬克思的父親好讀書,對於他的兒子唸英國哲學家洛克,與法國著作狄德羅,佛爾特耳的著作,尤感與趣。洛克是第二次所謂光榮的英國革命中之觀念論者的一位,在哲學上他是固有觀念論的反對者。他對於智識根源問題加以研究。他主張經驗是我們知道事務的泉源;而觀念是經驗的結果;智識

(26)

完全是觀照的；沒有固有的觀念。法國唯物論者採用同樣的理論。他們以爲萬物都是在人心中這樣或那樣的經過情感的官能反映出來。法國唯物論者的觀念透過馬克思的氛圍氣的程度，可以由下述的事實證明。

馬克思的父親與宗教發生的關係很久，幷且明顯的繼守着猶太教。一八二四年，他的兒子六歲時，改信基督教。黑林在他做的馬克思傳上要想證明這個轉變的動機，是老馬克思決心想得到加入較高文化的非猶太人社會的權利。這只有部分的眞實。有意要避免從一八一五年落在猶太人身上的新的壓迫。那時萊茵省已經歸還德國，這是有影響的。我們必須注意這一點，馬克思自身雖然精神上沒有同猶太教發生關係，但他早年對猶太人的各種問題是十分感興趣的。在特里夫的時候，他交往於猶太人社會。猶太人懇求政府取消壓迫猶太人的各種手段，沒有得到結果。我們知道馬克思接近的親戚與猶太人社會其他的人，依賴他請求他爲猶太人起草請願書。當時他二十四歲。

（ 27 ）

這證明馬克思並沒有逃避他舊來的血統關係，而且對猶太人問題感到興趣，而且參加了部分猶太人的解放鬥爭。但這沒有阻止他對於他所接近的貧苦猶太人與富裕代表的財政猶太人間，劃一條分界線。

馬克思所誕生的與其祖先有為猶太教師的特里夫城，是在萊茵省。普魯士的一省，產業與政治都達到沸騰的高度。就是現在，牠也是德國最大產業區之一。有兩個以產鋼著名的城市薩林根，勒漠晒特。有一個德國紡織業中心的巴門易北菲爾。馬克思的家鄉特里夫是皮革綿織業發達的地方，是個陳古的中世紀的城市，在十世紀時占非常重要的地位，又是第二個羅馬，因為可以進謁舊教的主教。又是個產業城市；在法國革命時牠在很重大的革命病狂的掌握中。這裏的製造工業，却沒有這一省冶金業同綿織業中心的北方那樣活動。牠在萊茵河的支流，摩塞利河的河岸，釀酒業區的中心，殘餘的郡邑地主還可以看見，小地主的農民還形成一個階級，而沒有染到緊握財政的侵權的農

(28)

民重利盤剝者的氣味,他們釀酒,他們快活。這樣的特里夫,還保有中世紀的風格。從我們所得到的材料上,我們看出馬克思這時對農民狀況很有興趣。他常到四圍的村落去游玩。并且與農民混得很熟習。幾年後,他就在他的著作上,應用這種農民生活與產業的智識。

馬克思在高等學校時,是優秀學生的一人,教師都特別留意他。我們得到一種不常的文件,就是一位教師對於馬克思的作文所下的激賞的批評。馬克思的課題是"青年如何擇業"的文章。他對這題目別具見解。他進一步證明沒有對職業選擇的自由,因為人是從早就決定了他的選擇環境裏生出來的,這樣他形成他的宇宙觀。這裏我們別識出歷史唯物論的種原。從他的父親講的甚麼,由上面我們證實馬克思受他父親的影響,吸收了法國唯物論者的基本觀念所到的程度,這是很明白的。他的思想形成的形式,這是很顯著的淵源。

馬克思十六歲在高等學校畢業,一八三五年波昂大學。這時革命的暴亂快停止了,大學生活退處於經常的程軌中。

馬克思在大學裏專精的研究學問。我們有一件很珍重的文件，是十九歲的馬克思寫給他父親的回信。

父親十分注意他的兒子，了解他的兒子。讀他給馬克思的回信，就夠證明他是有很高深教養的人。在革命者的歷史上，我們很少看見一個兒子能這樣得到父親的嘉許與了解，同時兒子又把父親當很親近的朋友一樣。照那時代的精神，馬克思是研究哲學的，這很可以使他對於當時政治社會制度所感到的不可平解的嫌忌，給一個理論的根據。馬克思成爲黑格爾哲學的門徒，在形式上與少年黑格爾派一致，他們很激進的打破陳舊的偏見，他們在政治學的領域上，社會宗教的關係上，都經過黑格爾哲學，以達到極端的演繹。一八四一年，馬克思在耶拿大學得到博士學位。

這時恩格斯也加入少年黑格爾派。我們不大明白，但眞確的是恩格斯在這團體內，初次遇見馬克思。

（ 30 ）

第二章

恩格斯生於萊茵省北部的巴門城。是綿織毛織業的中心，與將來冶金業的中心距離不遠，恩格斯是德國血統生存富裕的家庭。

在萊茵省商工業家的宗譜上，恩格斯的家庭占重要的地位。我們可以看見恩格思家傳的徽章。商人不同於貴族，有他們的徽章就夠敍譜了。恩格斯的祖先把橄欖枝爲盾而雕上天使，象徵和平，如其意的顯示出和平的生活與其血統上優異的後裔。恩格斯與徽章一同入世。這盾就以天使在德國民族的象徵同樣的取名爲恩格斯了。（譯者按：天使Angel與恩格斯Angels同，殆以天使爲姓者。）這家庭的顯著，回迹到十五世紀去找根源，就可以證明。關於馬克思我們就很難知道他的祖先是甚麼人，所知道的這不過是猶太教師的家庭。很少使我們注意到這家的兩代以上的記錄。恩格斯就不然，在他的宗譜上就有兩種異文。照某種記載，恩格斯是十六世紀法國新教徒勒愛思逃亡到德國來的久遠的後代。恩格斯的近親卻否認法國種原，而極力宣稱是純粹的德國祖先。無論如何，在十七世紀

(31)

恩格斯的家庭是布業的根深蒂固舊式的家庭，後爲綿織業者。在廣闊的國際的經營上，也是富裕的家庭。老恩格斯同他的朋友爾滿，在家鄉者勿論，在曼切斯特也開有紡織工廠，他成爲英國的紡織業家。

恩格斯的父母是新教信徒。帶有舊卡爾文宗的奇想的信教者，在他深究的宗教信仰上，不少的深入的自信，人在地球上的職務是在獲得并且從工商業上積蓄到財富。他的生命是狂熱之宗教的。當其無商業或世務的時候，他就虔誠於宗教的默禱上。這樣恩格斯父子間的關係，與我們所知到的馬克思的家庭，完全不同。不久父子的思想就起衝突；父親是決心要兒子做商人，而且他照着商業精神在教養他。十七歲的少年，送到德國最大的商業城市之一的布勒門。他在那裏迫着服了三年商業勤務。從他給與同學的信上，我們知道在他的氛圍氣中，他怎樣想去解脫這些影響，他到那裏時還是個虔敬的青年，但不久他就爲海湼，柏湼所動搖。十九歲時成爲著者，并且衝出來成一個愛自由的民主德國的聖徒。他第一篇文章，以奧茲瓦特的假名發表，就惹動世評，其中他無顧惜的攻擊他幼年處所的環境。從瓦倍爾薩耳通信上創出強烈的印像。我們可以感覺到寫這東西的人，生長在怎樣的地方，同時有怎樣一種的好學問。在布勒門時，他完全從宗教的偏狹裏解放出來，而發展成一位老法蘭西雅各賓黨人了。

一八四一年，恩格斯二十歲時以志願兵加入柏林礮隊。在那裏他加入馬克思所屬的少年黑格爾派。他成為黑格爾哲學的極左派之附和者。一八四二年，其時馬克思專精致志於學問，預備他日為大學教授；恩格斯呢，從一八三九年起用他的老假名在文學上已經獲得題明的地位，并且在新舊兩派哲學體系的學生所引起的觀念鬥爭中，佔據很活動的位置。

一八四一，一八四二年間，很多的俄羅斯人如像巴枯甯，奧嘉列夫，夫羅諾夫等都在柏林。蠱惑了馬克思，恩格斯的哲學，也蠱惑了他們。從下面的插話，可以說明這個眞實的程度。一八四二年，

(33)

恩格斯寫了一篇銳利的批判黑格爾的敵手謝林的哲學的文章。謝林是應普魯士政府之召來柏林，以他調和程聖經與科學的哲學來向黑格爾體系挑戰的。恩格斯在那時所表示的見解，對於那時俄國批評家比甯士基的見解，及巴枯甯的文章的見解，都有一種提示，恩格斯攻擊謝林的"啓示哲學"的小冊子，也爲巴枯甯所得。現在我們知道這是錯誤，這小冊子不是巴枯甯著的。兩著作者所表現的形式，所選擇的題目，企圖建立黑格爾哲學的整個性所採取的證據，都明顯的有相似處，俄國人以爲，現在還以爲巴枯甯是這本小冊子的著作者，是不足爲怪的。

恩格斯二十二歲時是一個有最激進傾勢的純粹民主主義的作家。他有一首很滑稽的詩，描寫他自己是火熱的雅各賓黨。從這方面看，他是受法國革命之影響的德國人之一。照他自己所說，他所唱的，是馬賽歌，他所叫██████斷頭臺。這是一八四二年的恩格斯，馬克思還是照常一樣。終竟，在一八四二年，他們由一種通常的機會遇見了。

(34)

一八四一年春天，馬克思在大學畢業，得到博士學位。他最初想致力於哲學同科學，這時他的師友市爾，少年黑格爾派的領袖之一，因好批評正統派神學，喪失了大學教授的資格，馬克思就把這種想念拋棄了。

這是馬克思這時的幸運，有人約他去編輯新聞，萊茵省激進工商業資產階級的代表，決意想建立他們自己的政治機關。萊茵省這時頂重要的報紙是"哥隆公報，"哥隆是萊茵流域頂大的產業中心。"哥隆公報"對政府是俯順的。萊茵省激進的資產階級，想自己有機關報來對抗"哥隆公報"，而且爲他們的經濟利益來反對封建諸候。資金是有了，但編輯力是缺乏的。資本家辦的新聞，落在一羣激進著作家手裏去了。最露頭角的是海斯，他比馬克思恩格斯都年長，同馬克思一樣，也是猶太人，很早就脫離了他富裕的父親。他不久加入解放運動，囘轉去到三十年代時，他已努力於組織文化國家聯盟，來促進政治的與文化的自由之勝利。一八四二年，因爲法國共產主義的運動的影響，海斯成

(35)

爲共產主義者。他同他的朋友是"萊茵新聞"的編輯者中最優秀的分子。

馬克思這時住在波昂。他當了很久的投稿者，雖然那時他已得到相當的勢力。馬克思漸次達到第一流的地位。雖然這報紙的印行爲萊茵工業資產階級所資助，可是實體上牠成爲柏林一羣年少氣盛的作者之機關報。

一八四二年秋天，馬克思移住哥隆，他立刻給這新聞以嶄新的趨勢。他與柏林的同志及恩格斯的判別相反，他主張要不動聲色的，可是要激烈的攻擊既成的政治狀態與社會狀態。馬克思與恩格斯不同，他還是小孩子，絕莫有感覺到宗敎的與智識的暴虐之刺一般的束縛，這是他爲甚麼對宗敎鬥爭冷淡的理由，這是他爲甚麼以爲對宗敎的激烈批評去浪費筆墨，是不值得的理由。因此他好以本質的爭辯達到極端外形的爭辯。要保持這報紙是激進的，在他想來，這樣的政策是必需的。恩格斯是與那一般人較爲接近，他們主張對宗敎要關一個不寬容的公開戰場。同樣的意見分歧，在一九

(36)

一七年末與一九一八年初的俄國革命者間，還存在着。有人想立刻掃蕩教堂，有人又以為這還不見主要，而且進行起來有許多困難的問題，馬克思，恩格斯與其他青年的著作家間之不同意，是同樣的性質。意見分歧的情形，在馬克思寫給柏林老同志的信件中，可以看出馬克思堅決的主張他的戰略。他把勞動羣困苦情形的問題，看得非常重要。他立意極端破壞的批評禁止自由伐木的律令。他指出這法律的精神是想用策術來掠奪農民，故意定好法律以陷農民於罪犯的財產土地階級的精神。在通信上，他以摩塞利農民舊來的經驗提出抗爭。這些言論，惹起與萊茵省當局之燃燒的衝突。

　　柏林當局加以壓迫。以檢查法來檢查報紙。自從當局覺得馬克思是該報的靈魂，他們主張迫其解職。新任檢查員很佩服這位聰明的敏活的政論家，他智巧的避去檢查員的防礙，可是檢查員不斷的不只向編輯的經營者，拜且向報紙後臺股東中傷馬克思，股東們都以為要進較大的忠告避免所有疑難問題，必需採用合宜的政策。但是馬克思拒

(37)

絕照辦。他確定的說，隨便如何讓步都是無用的，因爲政府是很難於和平了結。結果他辭去編輯，退出報紙。這幷沒有把報紙救活，因爲不久就被迫停刊了。

馬克思脫離報紙後，成了個完全變過了的人。他加入新聞時還絕不是一個共產主義者。他僅不過是個激進的民主主義者，關心於農民的社會狀態與經濟狀態。但是他漸次的吸收了更多的與農民問題有關的基礎的經濟問題之研究。從哲學到法學，馬克思都把經濟關係作詳盡的特別的研究。

馬克思與一保守派新聞，因爲一篇一八四二年轉變恩格斯到共產主義的海斯著的論文。轟動起新的爭論。馬克思猛烈的否認這報紙有權利攻擊共產主義。他說："我不懂共產主義。但以擁護被壓迫者爲目的的社會哲學，是不能隨便駁難的。在他敢於吐棄這主義的主張之前，他一定要對之有明澈的了解。"馬克思離開"萊茵新聞"時，他還不是共產主義者，但是他已經對於共產主義有了興趣，

(38)

以為牠是代表一種特別觀點的特別主張。後來他同他的朋友露格都覺得沒有在德國做社會政治宣傳的可能性。一八四三年他們決定赴巴黎，在那裏他們辦一個雜志叫"德法年書。"取這個名目，他們是想在德法民族主義者的相反的判別間，加重對反動有效的鬥爭條件之一的法德親密的政治聯盟的意義。在年書上（原註：只印行兩期均於一八四四年出版）馬克思最初的表示他後來哲學的基本原理，可以看出一個激急的民主主義者進化到共產主義者的路徑。

(39)

第 三 章

科學社會主義與哲學之關係
唯物論
康德 費希特 黑格爾 費爾巴黑
辯證法唯物論
無產階級之歷史使命

我是照着馬克思與恩格斯所發展的,所應用的科學方法,來研究他們的生平。除開他們的天才,馬克思與恩格斯是在一定歷史時代的一切人物之後的。他們成人的時候,即是他們漸次現出他們直接家庭影響的時候，他們是滾入歷史時代的漩渦中了。七月革命對於德國的影響，科學與哲學的突前進展，勞動運動與革命運動的生長，主要的是這時代的特點。馬克思與恩格斯不只是一定歷史時代的產物，在他們的淵源上，他們還是特定地域萊茵省的人物，這是德國最國際化，最產業化，最普遍的受法國革命影響的地方。馬克思初年所感受的影響，是與恩格斯相異的，因為馬克思的家庭是在法國唯物論者的理治下，恩格斯卻長育在宗教的差不多虔迷的氛圍氣中。這在他們後來的發展上反映出來。關於宗教問題，馬克思從沒有如像恩格斯那樣感到痛苦與奧衍。兩人後來雖然經過不同的經歷歷，一則較容易，一則較扭結，可是都獲到同樣的結論。

我們現在已經達到這兩人閱歷的標點，當他們成為那時代激進的政治思想，與哲學思想的代表者的時候。在"德法年書"中，馬克思確定他的新的觀點，我們可以測料二十五歲的馬克思的概念中，甚麼是實在新奇的，我們且提前來略述馬克思在哲學領域內所見到的是甚麼。

恩格斯在他所著的"空想社會主義與科學社會主義"的序言上寫道："德國社會主義者所矜持的是他們不只祖述了聖西蒙，傅立葉，歐文的迹系，他們還祖述了康德，費希特，黑格爾的迹系。"恩格斯沒有提到費爾巴黑，雖然他後來特別努力的研究這位哲學家。我們來進行探求科學社會主義的哲學淵源。

形而上學的基本問題之一是第一原因，即第一原理的問題，就是甚麼先人間存在而在在的一個習慣上稱爲上帝的問題。這全能全在的創造主，在各樣的宗教中幻出各樣的形態，他可以自稱爲天國的獨尊者，有無數的安琪兒供他的差使。他可以授權與教皇，教主，牧師。或者爲開明的善良的君主他可以公布無適不可的憲法。可以創建總治人間與自然的基本法，并且不需干預政事，旁涉世務就可以滿足他的孩子們以愛好與尊嚴。總之他可以用不同的方式來炫示他自己。倘使我們承認上帝及其他小神的存在，那嗎在睡醒的一個美麗

(42)

的早晨,有神來宣示說,"造個世界罷,"這世界就實現了,我們豈不要承認有這樣一個神的存在。於是創造世界的思想,意志,願望,就已先存在於世界之外。我們不能確定牠的所在,因爲從來沒有個哲學家把這祕密指點給我們。

原始的實質創造萬有,觀念創造物質,意識支配萬物。置其哲學的外皮於不論,在本質上,這種第一原理的新形的說明,無非是陳舊的神學之原形復現。薩巴阿斯聖主,天父,天子,聖靈都是一樣的,又稱爲理性,渥德,羅歌斯。"渥德先在。"渥德創造萬有。渥德創造世界。

"渥德先在"這種觀念,十八世紀的唯物論者首先反對。因爲他們攻擊舊社會制度,卽封建制度,他們就代表一個新的觀念,新的階級,卽革命的資產階級。舊哲學不能對於這新的發生的原故,給出答覆;無疑的是他們的時代與古代的不同,而新的時代又與他們的不同。

心靈,觀念,理性,他們主要的缺點是僵硬的,常固的,無可變易的。但經驗卻顯示出人間萬物的

(43)

變易性。物的體上加着的是極相異的外形，歷史以及現代的生活，行動，發現，都昭示這豐富的萬形的流動的世界，僵硬的哲學對這種千變萬態真無從說起。

因此最後定局的問題是：萬物是從何處來的？錯綜的形態是從何處生活？時間與空間之精巧的差異是如何淵源的？循環的常固的上帝如何能成為無數變化的唯一原因？所有淺率的臆測，只有上帝的胡想可以解答，人是不能解答的。

雖然十七世紀就知覺到的，但且從十八世紀算起，人類關係起了急遽的變遷，並且把這些變遷認為是人類活動的結果，所以作為萬有根源的神性，早已引動重大的懷疑了。因為他們解釋萬物及時間空間的各樣，結果是不能解釋一樣。這不是萬物的共同點，而是物與物間的差異點，只能由其被創造於下的不同的環境與其所受的不同的影響的推論來說明。這種差異，又自有其特有的確定的原因與所受的特有的影響。

英國的哲學家感受到極度澎漲的資本主義與

(44)

第三章

　　兩次革命經驗的效果，無畏的根究到對於這些事件負責的神力之實體的存在。同時人類天賦意識的觀念從第一原理分迸出來，表現出革命時代結晶之新的矛盾點念，其差別却十分曖昧。

　　法國的唯物論者更無畏的提出同樣的問題，他們對於一直佔據新歐與無端向人向物多事之超人間的神力，加以否定。人類生存與人類歷史，他們認為很明白的，只是人類自己活動的結果。

　　法國的唯物論者還不能指明或解說誰又是人類行為的支配者。但是既非上帝也非其他外力來造這部歷史，却是在他們智識之內決定了的。這裏就留下他們不能調解的矛盾。他們知道人類不同的活動，是因為不同的利益與不同的意見。但他們却無從識別利益與意見之所以不同的原因。他們自然的就把這種差異歸之於教育與訓養；這是對的。但是甚麼又來支配教育與訓養的方式呢？法國的唯物論者於此就失敗了。社會性質，教育性質等等，他們以為是人，是立法者，是定法者所造的法律決定的。造法者的地位就高陞到人類行為

(45)

的獨裁者與指揮者了。他的權力差不多是個上帝，那嗎定法者的行為又是甚麼來決定呢？這他們又不知道。

這時又引出一個問題。古代法蘭西啓蒙時期的一些帶神學氣味的哲學家，他們主張，"自然，我們所謂神，旣不同於殘酷的希伯萊神，也與基督經典所載的天父，天子，聖靈相異。只是我們覺得有個精神的主宰，他胎育有思想力的物質，有個超凡的力量，他先自然而存在。"唯物論者的答覆是這兒沒有假設一個外力的必要，而且這種感應是物質自然的特性。

法國的唯物論者要想證明他們的見解的時候，以一般科學來說，特別是自然科學，那時還未十分進步。他們雖然已經走到上面所述的基本論據，可是還缺乏實證。

每個唯物論者都反對先物質先自然而存在的意識心靈。幾千年來，不，幾百萬年來，都沒有生活的有機的神祕力之暗示，這就是沒有叫做心靈，意識這種東西。存在，自然，物質，在意識之先，在精神

(46)

心靈之先。

可是我們不要以爲物質一定是粗率的，艱苦的，污穢的，而觀念就是精雅的，微妙的，純潔的，一些人，特別是平凡的唯物論者，有時候簡單的靑年人，他們不自覺的在辯論的熱烈中，斷言而且有時候蔑視唯心論的僞善者的只空談"偉大與美麗"，同時却在資產階級環境的污濁卑鄙中去求舒慰，這樣的物質才是粗率與呆重呢。

這當然是錯誤的見解。因爲我們習於物質之精徵與流動是不足爲信的，已經有一百五十年了，自產業革命以來，陳舊的，遲純的自然經濟，已經上落的轉了支點，甚麼事都開始活動。朦朧的覺醒了；靜止的轉動了。在堅固的外表冰結的物質中，發現新的力量，顯示新的活動。

下面的事實，證明法國唯物論的智識之如何不充實。如像何爾巴哈所著的"自然體系，"他對於現象原理所懂得的，還不比現在小學畢業生知道得多。他說空氣是初始的原質。他與二千年前希臘人對於空氣所了解的一樣的淺薄。在何爾巴哈寫

(47)

他這本大著之後沒有幾年，化學就證明空氣是淡氣養氣等原質的化合體。一百年後，到十九世紀的末期，化學又在空氣中發現許多氣體，如像氫氣氦氣等，堅決的說能！物質不是甚麼很粗率的。

另舉一例。我們現在都會使用無線電收音機與無線電了。牠供我們很大的服務，倘若沒有牠，我們只有呆板的暗中摸索。僅在一八九七年或一八九八年，我們若認這種物質為非有其事，我們只好在印度神學裏去找語句來敘說牠們。無線電傳達字符與聲音。一個人可以在莫斯科聽到幾千里外傳播來的絃樂。更晚近的事，甚至於可以從無線電傳達照像。這些幻術的成功，並不是靠甚麼"精神"的處理，而是靠很清楚的，而且無疑的很精緻的方法，並且為不少的可度量的，可操縱的物質。

上例是有意引證來分清一些物質與非物質之概念的淆惑。牠們在十八世紀還是模糊的。倘若那時的唯物論者已對於現在發明的事實有了理會，牠們決不會那樣"粗率，"而且也不會犯一般人的"過敏。"

(43)

在德國哲學家中，康德同時有這個正統的觀念。他們反對唯吻論的無神與無德。可是康德不滿意這樣的簡率辦法。他很知道這種傳統的宗教觀念之空虛。但是他沒有勇氣，也沒有一致的堅決推翻牠。

一七八七年他發表他的主要作品，"純粹理性批判，"他建立他的結論，說：所有的智識都是觀察的，並且上帝的存在，靈魂，觀念等的永久性，都是沒有根據的。我們不能從事物的本身，即內質，去知道事物。我們只能從事的內質給與我們實感機體的外形上去知道事物。事物的內質，即本體是在事物的外形，即現象的後面藏匿着。而且在這不可知的境界裏將終竟藏匿。這表明唯物論與唯心論，科學與宗教的山谷間，搭起橋樑。康德並沒有把科學研究之成功與對於現象之解釋，加以否定。但是他依然與神學鬧了一個境界。這內質是經過一番上帝名號的洗禮。

他這種複式簿記制，他這種對科學與宗教兩不相犯的結論，康德更進一步。在牠的第二著作，"實用理性批判"裏面，他進一層的證明說，雖然在理論上上帝的概念，靈魂等的永久性是不需要的，但在應用上我們必定要接受牠們，因爲要沒有牠們，人類的活動將失掉論理的根據。

馬克思的友人，有時還對他有過很大影響的詩人，海涅，把康德實踐這兩條路的動機，形容得活現。康德的年老的忠僕蘭蒲，願意服待他的主人而且服侍了四十年。康德就把蘭蒲作爲沒有宗教不能生活的一般人的代表。"純粹理性批判"的革命主張的明確解釋，與神學及神靈的教育的信仰經過一度鬥爭之後，海涅宣布康德爲甚麼有寫"實用理性批判"之必要，在這裏面，這位哲學家把他打碎的偶象，再度的建設起來，海涅寫着：

"悲劇之後，就是笑劇。康德以前曾是個冷酷的哲學家；他曾經擾動過天堂，置防軍於刀鉞；世界之王也默默游泳於血中而無言；對現實的困迫是沒有憐惜，親愛與未來的酬報；靈魂的永存只有在急促的呻吟的死中求最後的掙扎。老僕蘭蒲挾着一把傘在臂下，有如憂傷的觀察者，痛苦與淚珠的滲流,並奔雙頰。康德悲惘了,顯出他不只是大哲學家,而且是慈祥的善人。他一半軟心腸一半鐵心腸的說,老蘭蒲必定要有個上帝,不然這可憐的人那裏能夠快活,而人生在世界是宜乎快活的呀。應用的常識是這樣告訴我們的。 好的,我想,我甚麼都留心的,讓實用理性來擔保上帝之存在。"（原註:見海涅選集第五卷一五〇頁至一五一頁,一九〇六年倫敦本。）

在科學上康德自然有他的響影。他同法國天文學家拉蒲勒司,主張世界的創造,如聖經那樣的說法,完全是不可掩的錯誤,地球不過是長期發展,不斷演進的產物,與其他的天體是一樣的,是從稀薄的本體達到漸次的凝結。

主體上康德是位新舊哲學的調和者,他在最實際的生活場中也保留着是位圓通者。雖然他不能從舊的裏面完全破除出來,他也不少相當的進步。他很多學生一致的反對他的"實用理性批判",但是從他的"純粹理性批判"得到極端的演繹。哲學家費希特對於納薩爾之印象與對於馬克思與恩

(51)

格斯之多，是不能比較的。但他的哲學中有一種成分是爲康德體系所忽視，而對於德國革命的智識階級却有可驚的影響的。康德只是一位普通的大學教授，他幾十年中從沒有超越過他愛好的住址，枯嶺寺堡一步。費希特把這種努力的成分參入了他的哲學。把人類格相與其行爲投入理論與實際的主因中，這對於外力支配人類行爲的概念與絕對自我的觀念，完全相反。

然而黑格爾對於馬克思與恩格斯所給與的影響，比別的哲學家都來得大些。他的哲學是根據於對康德的與費希特的體系之批判。黑格爾幼年是法國革命之熱心崇奉者，到他暮年；成爲普魯士的教授與官吏，他的哲學，得到"開明"的普王之惠然嘉許。

現在的問題是黑格爾的哲學怎麼樣成爲馬克思，恩格斯，與納薩爾的煙士披里純的泉源。黑格爾哲學的內容，他不可抵抗的自身引出很顯著之社會的與革命的思想之指數是甚麼？

康德哲學之形成，大體上是在法國革命之前。

(52)

法國革命發動的那年他已六十五歲了。眞的,他那時候也同情的感動,但從他習慣了的調解與他媾和似的推知,他決不肯再進一步。雖然講到我們系統的歷史,我們知道他已經採用進化的觀念,可是他的哲學體系,當說明宇宙是如何的時,却大大的把牠核減了。

黑格爾他就不同,經過十八世紀末期與十九世紀初期的經驗,一個偉大的經驗變遷與政治變遷時代,他觀察並且解釋宇宙是不斷的進程之開展。沒有停滯不動的東西。絕對觀念自身,只在無阻礙的運動,進展裏面發長。任何事物都是流動,變革,消滅。不息的運動,絕對觀念的循環開展,所從有的觀點上,都制約世界的進化。要了解這種周圍的現象,我們就不只研究存在的牠們,而要理會牠們怎樣發展的,因爲任何事物都是過去了的發展之結果。更進一步,一件東西,看第一眼的時候所見到的,只是個在靜止狀態之下的東西,但確切的考察起來,牠自身就在那裏不息的運動與衝突,很多的影響與力量,有些要想保留事物的原狀,又有

(53)

些要想變革牠。在任何現象上，在任何物體上，都有兩種主力在鬥爭，正與反，保守與破壞。這兩種相反主力鬥爭之結果，是兩者之最後的融和。

這表明是黑格爾的專用語。理性，思想，觀念不是保着靜止的；沒有冰結在一個論點上的，也不會固守着同樣的"正"的。剛好相反，命題思想自會跳入一正一負，一是一非的兩個違反的觀念中去。兩個相背的質素，把"反"包括在內，牠們的衝突創造出運動，為明示這種矛盾的質素起見，黑格爾稱牠叫"辯證法。"矛盾的結果，卽辯證的結果，是調和，或者說平衡。兩種相對觀念的融和，造成新的觀念，"合。"這下再分岐為兩個違反的觀念，正變為其反，另混化出新的合。

黑格爾把任何現象都認為進程，都是從來就變革的，從來就開展的東西。每個現象不只為以前的變遷之結果，而且種下將來變革的因子。幷沒有在任何階級段上停止不前。獲得的平衡為新的矛盾所衝擊，就達到更高的融和，卽是更高的合，並且復分岐為二而依樣進展，這樣，兩方的鬥爭成為

(54)

所有發展的源泉。

這就是黑格爾之革命的非實現的可能性。雖然他是唯心論者，雖然他的體系基於精神，自然觀念，而不基於物質，但是他的努力，對於歷史科學，社會科學，甚至於自然科學，都有不少的影響。他鼓勇於現實的研究。他努力研究絕對觀念接收牠在開展進程中的各形態。觀念經過形態裏表現自己，這是非常複雜的，已考察過的現象與進程，這也非常複雜的。

我們不必在黑格爾哲學之另一面迴旋，對現實很明確的研究給以有力的激動，這原故是很明白的。很多學生得他的先生的辯證法的指引來研究現實，強固的證驗反成為他的哲學之極端貧乏，因為這是辯證法的哲學；而照黑格爾的意見，是主力，即創造去制約存在的絕對觀念。黑格爾體系裏的這弱點引起批評。絕對觀念看起來是舊上帝的新模形，這依然沒有實體的上帝，是佛萊特爾這類哲學家為他們自己，特別是一般人造的。

黑格爾最聰明的學生中之一，費爾巴黑，就從

(55)

這個觀點來對他先生的哲學作最後的檢查。他很了解而且嫺熟黑格爾體系的革命方面。他提出下列的問題：是不是絕對觀念在他自身的發展上實在的可以支配萬有呢？費爾巴黑對這個問題的答案是反面的。他指出存在決定意識，才是真理，來顛覆黑格爾的基本論點。必定有一個時候，有沒有意識的生命。心靈與觀念的自身，只是生命的產物。他把黑格爾的哲學認為是最新近的神學體系，因為他在上帝的座位上用魔術的手腕，擺上另一個原神，"絕對觀念。"沒有上帝造人這回事，在他看起來寧肯說是人造上帝。把鬼神，怪物，天使，巫覘以及一切同樣的神道的世界，概行轟散，還給一個人的世界出來，這是最需要的事情。因此費爾巴黑的主體是人。人的世間的最高法律；不是上帝的法律，只是人的快樂。與舊的神學的靈的教旨相反對，費爾巴黑建立起新的人學的或人的教旨。

馬克思幼年，他就以為甚至於由一個生前形成環境的聯繫，就可以預先決定他將來的成就。從十八世紀的唯物哲學邏輯的傳下來的觀念，與馬

(56)

克思還在高等學校時的觀念，無甚差別。人是環境，是條件的產物；所以他不能對他將來的成就有自由的選擇；他不會是他自己的快樂製造者。這樣的觀念不算新奇。不過馬克思單獨的把牠表示出來，他以前讀的哲學家的著作，還是他父親指點的。到他進了大學，他才接觸權威一時的德國的古典哲學，他開始闡明與現刻流行的理想思想所違反的唯物哲學。這是他為甚麼不久就會把黑格爾體系來極端演繹的原故。這又是他為甚麼熱誠的佩服費爾巴黑做的"基督教之本質"的原故。在他對於基督教的批判上，費爾巴黑得到與十八世紀的唯物論者相同的結論。不過他們只把基督教看成詭騙偏執，而黑格爾派的他是特識出人類文化所需要的物相。但就是費爾巴黑也把人作為抽象體，與十八世紀的唯物論者不相上下。

對於人及其環境，我們只須為更進一步的分析，就會發現人是很分歧的生存在各種環境之中，有許多不同的情形。普魯士王，摩塞里農民，工廠中的工人，馬克思在萊茵省看見的他們，都是一樣

(57)

的人，有同樣的官能，頭，足，手等等。生理上，組織上，摩塞里農民與普魯士地主沒有甚麼差別。但是在社會地位上就大大有差別。還有人類彼此不只在空間上有差別，時間上也有差別，十七世紀的人與十二世紀的不同，與十九世紀的也不同。一個人他自己沒有變動，假如他否認是自然的產物，那這些差別怎麼發生的呢？

馬克思就想在這方面努力。主張人是環境的產物，人為環境所範形，這還不夠。發育成這樣的差別，環境的自身必定是在矛盾的交錯中。環境不只是人的集合，甯肯說是社會的中樞，人在裏面發生一定的關係，而且隸屬在各種不同的社會集羣之下。

這就是馬克思甚至於不滿意費爾巴黑對於宗教的批判之原因。費爾巴黑把人的本體來解釋宗教的本體。但是人的本體不全完是甚麼抽象的，就是人也不是單獨的個人。人自己就代表一個集體，一個一定的社會關係之總和。甚至存在於人間的自然的聯繫，就在歷史開展的進程中建立起來的

(58)

社會的聯繫意義之前退卻。所以宗教的情感不是甚麼自然的，其本身只是社會的產物。

人是新的宇宙觀的源泉，這樣說法是不大洽當的。我們必需在人的概念中注重社會的觀念。我們必定想人是某一個社會開展的產物，是特為累積的，分岐的一定社會層所形成，所長育。這種環境的累積與分岐入於一定的階段，不是甚麼原因的，只是長期發展的進程的結果。歷史進程所完成的情形的考查，顯示出這總是在社會發展的某個一定階段中發現的衝突，矛盾間鬥爭的結果。

馬克思沒有把自己桎梏在裏面，他是有意的把他的批判來對費爾巴黑哲學的他種論題。他根於現實，卽實際行動之批判，在純理論的思維的哲學方面，注入新的革命質素。

與法國的唯物論者一般，費爾巴黑教說人是環境，教育的產物，是行動在意織上的生存之產物；有頭，手，足等以別於禽獸的人類，只是一付受自然的影響與行為之有情感的機械。他所有的思想，觀念，都是自然的反應。照費爾巴黑看起

(59)

來，人是純全的被動者，是自然供給以刺激的馴良的接受者。

在這論題上，馬克思也是反對的。任何事物，經過人類中心，變革人類，這不只是自然影響人類的效果，甯肯說是反抗自然。這就是範約人類的進化。原始的人類獸類之對於生存無盡的競爭，不全是把自己當成承受自然刺激的被動體，他是反抗自然的，變革自然的。他變革了自然，就是變革了他生存的狀況，也就是變革了他自己。

於是馬克思在費爾巴黑的消極哲學中，滲進了革命的行動的質素。馬克思反對費爾巴黑的主張，而主張哲學的任務不只在解釋世界，還在變革世界，理論必須把行動來補足，事實的批判，世界的批判以及其反面，必須把積極工作，實際行動來補足，於是馬克思把費爾巴黑的思索的哲學，轉變爲行動的哲學。由我們全部的行動，證明我們思想與綱領的正確。最有效力是把我們的觀念引成行動，不久我們就會把牠們與事實合爲一致，最無需疑慮的證據是事實內有了質素，我們來解決我們接

(60)

前的問題,我們來執行我們行動出的綱領,這質素都是需要的。

費爾巴黑的批判的一般特點,馬克思早已簡約出來了。對於他的思想的路線,作深沉的檢查,顯出他怎樣去達到這基本觀念。精心的研究領他到科學的共產主義。

在他同德國智識階級的爭辯上。馬克思在他們中顯露出來,證實他們陳腐的口號之破產。

我們完全同意,他告訴他們,德國現實之於我們,如普魯士的生活之艱苦,無思想自由,也無教育自由,這表現出自身的全然虛寂。倘若我們不願意德國國民沉落到慘駭的沼池之底;則於世界之必變革,不應有些微的疑懼。

但是馬克思要問:怎麼樣去變革世界?這變革存在於滿身熱意的利害關心,以引致此變革之集團,即民眾範疇的德國社會內這是可能的。

馬克思嚴密的檢查了存在於德國社會內的各種集團,貴族,官僚,資產階級。他結論到最後所指示的那個階級,牠也不能夠如法國資產階級所曾

(61)

負之重要的革命部分。牠自己沒有能力担負起全部變革社會組織的"解放者階級"的任務。

資產階級不行了，那嗎別的階級可不可以來試試這個任務呢？其時馬克思正潛沉於歷史與法英現狀之研究，他得到無產階級是負荷任何實際社會使命之唯一階級。

就是到一八四四年，馬克思更堅持他的主要論點，有能爲的階級，能夠担負起解放德國民衆與變革社會制度的階級，是無產階級……爲甚麼？因爲牠組織的這一民衆階級的生存狀態與現代資產階級社會裏最破壞的是一致的。在社會的階梯上，再沒有階級比他立的最低，在社會的担負上，再沒有階級比他壓的最重。社會上其他階級的存在，是建立在私有財產上，而無產階級是空無所有，結果是對於現存制度的維持不感一星趣味。可是，無產階級缺乏對於他的任務的意識，缺乏智識與哲學，牠要變爲全部解放運動的推進機，只要牠一度對於意識與哲學有澈底的了解，一度認識要解放的必需的形狀，一度料到落在牠的身上來的偉大的

(62)

任務。

這樣的觀點完全是馬克思主義的。空想社會主義者的聖西蒙，傅立葉，特別是歐文，對於"最多數最貧乏的階級"這無產階級已經注意過。他們的工作所專意的，以為無產階級僅是頂災苦的階級，頂窮困的階級，需要的是慈善的看護，所以他們高等的文化的階級就來做這些事了。在無產階級的貧窮上，他們只看見貧窮，他們沒有測量着存在於貧窮內的資產階級社會崩潰的產物的革命可能性。

馬克思第一個指出無產階級除了牠是受難的階級之外，牠還是反叛資產者制度的行動的戰士；牠是一個階級，在牠生存狀況上，牠反成為資產者社會的唯一革命分子。

馬克思在一八四四年初間所獲得的這樣觀念，他與恩格斯合作著"神聖家庭"時，有更進展的解釋。雖然有一點兒過時了，但是比較起蒲列哈諾夫或者列寧的早年著作的過時，這本書還不算過時呢。對於熱心智識與留念早四十年在德國發動的社會鬥爭的人，這本書對他們還有極大的興趣。在該書內，馬克思對於德國智識階級想除開無產階級，或以為博愛的社會會對無產階級施恩而得到滿意的諸種企望，加以猛烈的嘲笑。馬克思再來把無產階級的革命意義解釋與德國的智識階級看，實證就在幾月以前，西利西亞紡織工人的暴動，當擁護自己的物質利益時，無產階級并不終止反抗。

馬克思在該書內已完全顯示他的新哲學的路標。無產階級是特出的階級，因為牠所生存於中的社會是階級的經緯所組織成的。無產階級是為資產階級所對抗。工人是為資本家所掠奪。這就還有個問題。資本家從甚麼地方來的呢？產生以資本掠奪雇傭勞動的原因是甚麼呢？

對於社會的進化與存在的基本法，必需一個科學的考查。該書內，馬克思把一定歷史時期的實際動力都經過澈底的理解，這才把主要的智識，如產物的情形，物質生活狀態的生產，滿足物質欲求進程中人類建立的關係等，都注意的指示出來。

(64)

從此以後，馬思克很勤苦的開始他對於這問題的工作。他把自己完全沉浸在政治經濟的研究中，去理治現代經濟關係的機能。但是馬思克不只是想解說世界的哲學家，他直是想變革世界的革命者。

第 四 章

共產主義同盟史

組織者馬克思

與威特林之論爭

共產主義同盟之設立

共產黨宣言

與蒲魯東之論爭

我們現在來來進行考查馬克思在應命而作"共產黨宣言"的共產主義同盟的組織上所參加的程度。從考查已經知道了的馬克思與恩格斯對本問題的著作之後，我們斷定他們關於同盟根源的考查是不能盡信的。馬克思祇在一八六〇年發表的，很少有人談及的"佈格特先生"的著作中，一度

(66)

的以插話式的言及。他在該書中引進許多的錯誤。共產主義同盟史通常知道的是恩格斯一八八五年之記述。這裏把恩格斯所寫的史實簡錄於次：

有馬克思與恩格斯其人者，德國之二哲學家與政治家，他們被放逐於本國。他們住過法蘭西，他們住過比利時。他們著有內容豐富的書，最先引起智識階級的注意，過後流入工人的手中。一個晴美的早晨。工人都轉向遠離塵俗的坐在修道院裏兩個修士，并因是適於科學思想的守護者。就矜驕地等工人的集來。這一天到了；工人都來請馬克思與恩格斯到他們同盟裏去。但是馬克思與恩格斯說如要他們加入同盟，則同盟必須承認接受他們所擬的綱領的這個條件。工人答應他們，他們就組織起共產主義同盟，并且即刻進行委任馬克思與恩格斯去預備"共產黨宣言。"

這些工人是屬於正義同盟的，我們講法，英勞動運動史時，已經講到這個組織。正義同盟組織於巴黎，一八三九年五月十二日布浪葵暴動失敗之後，就遭撲滅了。據報告失敗後，該同盟的會員，都逃到倫敦。其中有一八四四年二月組織工人敎育社的沙浦。

司特克諾夫在他的馬克思傳上，關於共產主義同盟的起原有相似的敍述。

"住在巴黎的時候，馬克思常與德國政治革命者及工人所設立的正義同盟之領袖，有私人間的往還，他沒有加入同盟，因為他們的綱領帶有咒心的與陰謀的精神的色彩，此為馬克思所不滿意。同盟的羣衆漸次與馬克思及恩格斯接近。他們以私人的，書面的與乎新聞的接近，大有影響於同盟會員的政治見解。有些時候，兩用印刷物傳播他們的意見於通信員。在與謀叛逆的威特林絕緣之後，在有系統的'對無用理論家嚴厲批判'之後，馬克思與恩格斯加入同盟的時機充分的預'了。在決意取名為共產主義同盟的第一次大會上，馬克思出席。第二次大會聽了馬克思披瀝的新的社會主義者哲學的演講之後，他同恩根斯被委任起草同盟的綱領。著名的'共產黨宣言'就是這樣寫出的。"

司特克諾夫僅寫了馬克思所寫的部分，黑林

卻重述了恩格斯所寫的部分。我們不能只相信恩格斯是比親身參加事業的歷史的人，更有合宜的關係嗎？就是講到恩格斯，我們也保持批評的度態，特別是從他敍述四十年前的事迹起。在這樣一種長時間之後，甚麼事都容易忘悼，尤其是一個人在完全不同的環境與完全不同的態度之下寫的。

　　我們還有一些不全與上述相同的事迹。馬克思與恩格斯，譬如司特克諾夫就這樣看他們，簡直不是純粹的理論家。在他方面，及到馬克思有了現存社會制度之必須的急劇的變革完全要靠工人階級，即無產階級的觀念，（一切生活條件都發現出刺激，所有的刺激都迫牠去反抗這現制度）及到馬克思確信了這觀念，他到工人中間去了；他同恩格斯都想加進工人已經受了別的影響的任何地方，任何組織。這樣的組織是已經存在的。

　　在勞動運動史的記述中，我們講到四十年代的初期。正義同盟在一八三九年五月慘敗之後，完全沒有了中央機關。無論如何，中央機關的存在與其活動的痕迹，在一八四〇年後是沒有看見的。只

(69)

留下為前同盟會員所組織的單獨的團體。這樣的團體之一，組織於倫敦。

正義同盟的其他會員都逃到瑞士。其中最有勢力是威特林。他的職業是成衣工人，職工無產者中最初德國革命者之一，與當時其他德國工人一樣，奔波於各國鎮市。一八三五年他到巴黎，一直住到一八三七年。他在巴黎成為正義同盟的會員，他熟習於基督教社會主義宣傳家拉梅內，與聖西蒙，傅立葉的言論。他又遇見布浪葵及其黨徒。一八三八年末，他應同志之命，做一本小册子，"人類之現在與人類將來之任務，"其中他擁護共產主義的思想。

在瑞士，威特林同他的朋友於企圖宣傳瑞士人失敗之後，他們開始在德國工人及逃亡者中組織團體。一八四二年他刊行他的主要著作"調和及自由之保證。"他在書中把一八三八年所表明的見解為更詳細的展開。

受布浪葵的影響，威特林的觀念與同時代的其他烏托邦主義者完全分歧，他不相信共產主義之和平之推進。他所作成極詳細計劃之新社會，只能由武力的行使可以實現。現存社會的推翻愈快，人民的自由就獲得愈早。最好的方法是引導現存社會到極度紊亂，愈壞愈好。破壞現存社會的極可信賴的革命分子，照威特林所說，是最低級的無產階級，即流氓無產階級，甚至於可以包含盜賊在內。

巴枯甯也是在瑞士遇見威特林，并且吸收了他一些意見。因為對威特林與其黨徒的逮捕與處罰，巴枯甯就緩和了，從此成為本國的亡命客。

經過一度監禁，威特林於一八四四年被送回德國。浪游之後，他終竟來到倫敦，到時受盛大的歡迎。

預備羣衆大會來敬禮他。英國的社會主義者，大憲運動者，德，法的政治亡命客，都來參與。這是倫敦第一次的國際大會。沙蒲提議組織的國際會，一八四四年，十一月，成立"萬國民主主義友愛協會。"目的在接近各國革命者的關係，促進人民間同胞的感情，與奪獲社會政治的權利。這計劃的先

(71)

頭是沙蒲與其友人。

威特林住在倫敦一年半。在勞動者團集中，凡與時事問題有關的許多題目，都熱烈的討論，威特林最初有非常的影響。但是他後來遇到強硬的反對，他的舊同志沙蒲，布爾，莫爾，住在倫敦很久，熟習於英國勞動運動與歐文的學說。

照威特林的意思，無產階級以明確的階級利益而言，不是單獨的階級，無產階級只是過分被壓迫的人民之一部分。在貧民中間，流氓無產階級是頂革命的分子。他仍然鼓吹他的信念，盜匪是推翻現存制度鬥爭中最可信賴的分子。他并不置重於宣傳。他認為共產主義將來的社會形式是為少數賢者所指導。他以為惹動羣衆，必需去取得宗教的扶助。他就主張耶穌是共產主義的先驅，基督教減去牠後來的附加物就是共產主義。

了解他與馬克思及恩格斯間後來興起的軋鑠，最好要記着威特林是很能幹的工人，自修而具有文學的天才，但也為自修者的限制所阻礙。

自修者的趨勢是總想有一點特別新奇的，要

(72)

出人頭地去發明些複雜的計劃。他常常一定要現出自己愚妄的情形，費了很多力過後，他所發現的是很早就發現了的美洲。

自修者可以研究永恆運動，可以發明智慧的漏斗，使人立刻成為學者。威特林正是此類自修者。他想發明一種教授法，使人在短時期中速成的通曉各種科學。他想計劃一種國際通語。這是特性的，還有別一位工人自修者蒲魯東，亦努力去解決過這問題。關於威特林他曾經有過一時期很難於處決的就是他到底愛共產主義呢，還是國際通語。誠實的預言家，他耐不着批評。他對書中習得的人物特別不信任，而以充分懷疑去認識他。

一八四四年，威特林不惟在產勞働者間，就在智識階級間，他也是最有名望者之一。著名的成衣工與著名的詩人海涅之會遇，有非常特異的敍述。海涅寫着：

"我們私人談話間，特別損傷我的尊嚴的是他完全缺乏敬意。他不脫他的帽子，我起立在他面前的時候，他仍然坐着，把右膝高起差不多接近顎

(73)

頰，又把足腿翹上來，剛好在足踝之上。以左右手來互相摩擦。最初，我猜想他這種不合禮貌的態度，一定是他營成衣業時工作習慣了的結果，但轉瞬我發現這種猜想是錯誤的。我問他為甚麼這樣不斷的磨擦他的足腿，威特林漠然似的回答，好像是頂平常的事情，德國各個監獄中他都被幽禁過，他帶過鎖鏈；並且鐵環把他的膝部捉得很緊牢，這樣地得了皮膚的慢性疼痛症，所以他永久的磨擦足腿。我承認我讓步了，當其成衣工威特林告訴我這些鍊子的時候。"

（可是詩人透示出開暢人類心胸的感情的矛盾性）："有一次在摩士德的我以熱忱吻過成衣工約翰的遺物，鍊子已經透爛，他受過痛楚的大鉗，尚存於摩士德的市政廳中，對於死了的成衣工的熱心崇拜的我，覺得對於這生存的成衣工威特林卻過分的嫌惡，雖然兩人都是同一主義的使徒與殉道者。"

雖然海湼沒有把特別同情的眼光來對威特林，可是，我們看見威特林對這世界有名的詩人是

(74)

有強烈印像的。革命者很容易分辨海涅是智識的與藝術的貴族,他以好奇心去觀察,雖然不是沒有在他是新奇的革命戰士的懷疑的形式。馬克思對威特林的態度就完全不同,雖然馬克思也是智識分子。在他,威特林是以最無產階級的熱忱的表現,他自己表示其歷史的使命。他於遇見威特林之先,這樣寫着:

"資產階級,包括他的哲學家同文學家,關於政治解放著作之矜誇,在何處可以比得上威特林的'調和及自由之保證呢'?倘若有人把德國政治著作之枯燥怯懦的平凡與這德國工人的熱憤鮮明的初見相比較,倘若有人把無產階級的跛顛的,但是巨大第一步,與盛的資產階級的妞孋的步態相比較,他只有預言無產者的西德麗娜將要發展成有力的巨人。"

這是很自然的,馬克思同恩格斯要設法與威特林交好,我們知道這兩朋友在一八四五年短期逗留在倫敦的時候,與英國的大憲運動者及德國的亡命客,都互相熟識。這時威特林雖然在倫敦,

(75)

但我們不能決定馬克思同恩格斯會見他沒有。他們在一八四六年是有了親切的關係，威特林那時來到不律塞，馬克思被法國驅逐後，一八四五年，也來居此地。

此時馬克思完全專力於組織的工作。不律塞對於此項目的極為適當，因為牠是德法間交轉的站口。到巴黎去的德國工人，德國智識分子，總得在不律塞停幾天。不准有宣傳文字從不律塞私運入德國，然而在德國是全國散布的。暫時居在不律塞的德國工人中，有幾個很能幹的人。

馬克思不久得到一個意見，想召集個共產主義者的會議，其目的在創建第一次全共產主義者的團體。接近德國邊界的比利時城隈威爾斯，對於德國共產主義者非常適宜，所以擇為開會地點。我們不能確定這會議開成功沒有，但照恩格斯所說，各種的預備，馬克思是計劃了的，那時正義同盟的代表還沒有應這兩朋友的召，從倫敦動身來參加這個聯盟。

馬克思與恩格斯要顧慮到奉威特林為最重要

（76）

指導者的集團,這理由是很明顯的。他們很費心力在講壇演說上接近他們,但是徒勞無益而終歸於分裂。分裂的歷史,俄國批評家安勒哥夫就記載得有,他是一八四六年春天在不律塞適逢其會。他留給我們很詳細的敍述,包含了大部分的錯誤,可是還有小部分的真實。他說在有一次會議上,馬克思與威特林有很嚴厲的爭論。我們曉得馬克思揑起拳頭敲在桌子上罵威特林,"蠢東西,旣沒有救,也不會使甚麼人有甚麼好處。"這是完全可料的,尤其是有類於巴枯寧的威特林,都是反對宣傳或準備工作的。他們主張貧民是隨時都準備暴動,所以革命可以在何時發動,只要手中供給有決心的領袖。

從一封威特林有關於這會的信上,我們知道馬克思指出下列幾點:澈底擴清共產主義者的列伍,批判無益的理論者;攻擊單基於好意的任何社會主義;實現緊接資產階級轉換時代之共產主義。

一八四六年五月,最後的分裂來了,威特林不

(77)

久住來美洲,一直在那裏住到一八四八年革命。

馬克思與恩格斯由一些朋友的幫助,繼續進行組織工作。他們在不律塞建立"工人敎育社",馬克思就在社裏同社員講政治經濟學。以外的智識分子有烏爾夫,馬克思後來奉獻"資本論"第一卷給他,此外還有很多的工人參加他們的組織,如保恩及其他。

把這組織作爲基礎,利用同志的往復於不律塞與其他各處,馬克思與恩格斯就努力於與在德國,倫敦,巴黎,瑞士的各集團之聯絡。恩格斯自己就在巴黎做這種工作。傾向馬克思與恩格斯這種新見解的人數,逐漸增加。爲要團集共產主義的分子,馬克思決定下列的計劃:代替國民的,純粹的德國組織,馬克思夢想一個國際的組織。開始的必要的事就是創立集團,把不律塞,倫敦,巴黎較成熟的共產主義者作爲核心。集團內選出委員會以與其他共產主義者的組織保有聯絡的關係。這樣立下後來國際組合的基礎。由馬克思的提議,這類委員會都名爲"相互關係共產主義者委員會"也就

(78)

是通訊委員會。

此後的文學家新聞記者，有機會要為報紙寫文章，或當新聞通訊員或通訊局員來寫德國的社會主義與勞動運動史的時候，他們把通訊委員會與普通的通訊局看去無大判別。他們認為馬克思與恩格斯在不律塞建立之通訊局，不過從那裏散出印刷品同通訊而已。墨林在他做的馬克思傳上，卻是這樣寫的：

"他們自己沒有機關，馬克思及其友人，努力儘可能的求助於印刷或謄寫通信來彌補這個缺陷。同時他們努力從住有共產主義者的大中心地方取得經常通信。這些通訊機關設於不律塞與倫敦。同樣的機關也設於巴黎。馬克思寫信與蒲魯東，要求其合作。"

然而從蒲魯東的覆函上。少為注意，就很可以看見他所談的事情完全與通常的通訊局無關，倘若我們再回憶到寫與馬克思這信的時間是一八四六年夏間，我們必定斷言，在馬克思接受倫敦代表的邀請加入設立於倫敦，不律塞，巴黎的已死去的

(79)

正義同盟之前，首創的機關之爲首的無疑的是馬克思。

到一八四六年後半年，在不律塞成立一個健全的中央通訊委員會，可以發送各處的報告。內中有很多人辦事，有些是工人。有爲恩格斯所組織的巴黎委員會，在德國職工中，非常活動。倫敦委員會的首領爲莎蒲，布比耳，還有半年後專門來不律塞慫恿馬克思加入正義同盟的摩爾。但是從一封註明一八四七年一月廿日的信上，證明摩爾之來并不是代表正義同盟，而是代表共產主義者通訊委員會，面且他是爲報告倫敦社的事務狀況而來。

我們斷言，關於共產主義同盟之組織史是從恩格斯着手，而其他各書所載，那不過是故事，沒有甚麼。

馬克思的組織工作差不多全部都爲研究者檢視過；他變爲了修道院的思想家。忽視了他的人格的有趣味的一方面。倘若我們不能實察出四十年代後半期中馬克思，不是恩格斯，所有爲預備工作

（ 80 ）

的指導者與鼓動者的重要任務，我們就無從了解第一國際時代中，一八四八年至一八四九年，他以組織者所繼續完成的巨大部分。

摩爾到不律塞訪問他之後，當時馬克思相信大部分倫敦人都從威特林的勢力下解放出來，倫敦會議的召集就是不律塞委員會發動決定的，預備會議的討論與辦駁，顯然分出各種的傾向。最壞是恩格斯所工作的地方，巴黎。倘若我們看他的信件，必定信服恩格斯是有能爲的政治家。譬如他嚴厲的報告不律塞委員會，不只因爲他能說服動搖的分子，還因爲他"一掃而空"與"壓倒"一切，這是他成功了。

一八四七年夏季，該會議開會於倫敦。馬克思沒有出席。烏爾夫代表不律塞，恩格斯代表巴黎共產主義者。只有少數的代表，但沒有惹人注意。他們決定結合爲共產主義同盟。這并不是如恩格斯所告訴我們的，舊正義同盟的組織他差不多忘了，他是代表他所創立的巴黎共產主義者委員會。規定下組織大綱，第一段明白的堅決的指明革命共

(81)

產主義的基本意義。

"同盟的目的在推翻資產階級,在成立無產階級的統治,在消滅根於階級敵對的舊資產階級社會,在建設無階級無私產的新社會。"

這大綱是暫時規定的。須經過分組委員會的審核,而且最後由下屆會議決定。

"民主集中制的原則"認為是組織的基礎。會員都負有宣傳共產主義信條,及依照同盟之目的而生活的責任。一組固定的會員作為組織的基本單位,核心取名為公社。這分區的與市區委員會相聯合。各市區又聯合起在一特別首要市區的領導之下。領袖市區對中央委員會負責。

這樣組織,漸續成為所有共產主義的勞動階級政黨之初步發展的模型。雖然後來是消滅了,沒有甚麼特點,但七十年代初期的德國,依然在應用。共產主義同盟中央委員會不是從大會選舉出來,主要的指導的中央機關的權限,是委托責任於一城市的市區委員會,作為是大會指定的中央委員會所在地。倘若倫敦被指定了,就是倫敦區的機關

(82)

第四章

選出至少五個人的中央委員會來。這樣使龐大的全國的組織得到緊密的接觸。

大會又決議要作一共產主義的"教義問答"的草案，以備成為同盟的綱領。各市區都要在下屆大會提出牠的草案。又決議要發行一通俗的雜誌。這是勞動階級第一次的機關報，所以不客氣的題名為"共產主義者。"牠在"共產黨宣言"出世半年前開始發行，就已經揭出"世界無產者聯合起來"的口號。

雜誌只印了創刊號而終。論文的著作與印刷，主體上都是在倫敦的共產主義同盟的會員。主要的文章都是以極通暢的文體寫的。用淺明的語言指出新的共產主義的組織的特點，與乎與威特林的及法國的組織所不同之理由，莫有提到正義同盟。對於法國的共產主義者有一篇特別的論文，作者是著名的烏託邦"伊家里"的著者柯柏蒂。一八四七年柯柏蒂開始他活潑的煽動。因為他想得到願意到美洲去殖民的大衆去建設如他所作的"伊家里"裏敍述的一樣的共產主義的殖民地之處女

(83)

地。他甚至於特別到倫敦去想把共產主義者吸收到他的方。這篇論文主要在計劃出澈底的批評；牠勸告工人不要放棄歐洲，因爲這一定是建樹共產主義最先的地方，還有一篇長論文，很明顯是恩格斯寫的，卷末，有一篇社會政治狀況的概略，無疑的是不律塞代表烏爾夫的手筆。

一八四七年末，第二次大會在倫敦舉行。這一次馬克思出席。甚至在他巳經去到倫敦之前，恩格斯還從巴黎寫信給他，說他巳經著錄一篇共產主義的問答概要。但是他以爲題爲"共產黨宣言"較爲切實。馬克思在大會裏提出差不多全力寫成的提案。大會是幷不如司特克諾夫所寫的那樣順利。有猛烈的意見的衝突。辯論費時甚久，馬克思也費力不少，以說服大衆對於新綱領之修正。綱領通過之後，大會責承馬克思，幷且這是重要的，以同盟的名義，草一篇宣言。眞的、馬克思所寫的宣言是利用了恩格斯巳經預備了的草案。但是對同盟負政治責任的只是馬克思一人。倘若宣言有了全鋼鐵塊以發出的巍然的紀念牌的印像，那麼這

(84)

完全屬於馬克思獨自寫成的事實,一定的,許多思想的發展一般地屬於馬克思而恩格斯加入其中,如恩格斯自己在下列幾行所述,牠的根本思想,是完全屬於馬克思的:

"宣言的根本思想,卽是在每歷史時期中,流行的生產方法,社會組織必然跟着發生,在這基礎上建立起那時代的政治的與文化的歷史;結果社會發展的各階段,從土地的財產之原始社會崩潰以來,人類的歷史是階級鬥爭的歷史,被掠奪階級與掠奪階級間,被壓迫階級與統治階級間的鬥爭;這種鬥爭現在達到一個階段,被掠奪被壓迫階級,普羅列塔利亞特,是不能從掠奪壓迫階級,布爾喬亞汜裏得到解放的,倘若不同時候與從今以後,從全部的掠奪,壓迫,與階級鬥爭中整個地解放社會。——這根本思想是全然而且單獨屬於馬克思的。"

我們必定注意這種情形。共產主義同盟與恩格斯都知道展開新綱領的重任,落在馬克思的肩頭,所以被責承來起草"宣言。"我們得到一封有趣味的信，在別方面也是有趣味的，確證了我們的主張。牠在馬克思與這組織的關係劃出奇特的眼光就是無產階級在他的精神上，趨勢上，都認"智識階級"僅是文筆的專門家。要了解這信件的最好方法，我們必需曉得倫敦是被指定爲中央委員會所在地，照組織大綱上，那是倫敦機關所選舉的。

這封信是一八四八年一月二十六日由中央委員會交與不律塞區委員會轉送馬克思的。裏面是關於一月二十四日中央委員通過的一個決議：

"中央委員會通知不律塞區委員會會轉告馬克思同志，彼於前次大會時所承認起草之共產黨宣言，若不於二月一日，即星期二以前送達倫敦，則對彼將進一步的有所處分。又如馬克思於宣言尚未着筆時，中央委員會要求將大會給彼之文件立即退囘。

中央委員會訓令。

　　　　莎蒲，白比爾，摩爾。（署名）"

我們看這封怒氣滿紙的公文，一直到一月末，馬克思還沒有考量到十二月交給他的工作。這亦

(86)

是馬克思的特性。在他文藝才能上，他的行動是有點遲緩。通常著作起來都是經過長時期的，況且是一件重要的文書。他總想把這件文書做到十分圓滿的體製，這足以將功折罪。我們有一張馬克思最初起草的手蹟，證明出他一字一句都是在苦心慘淡的斟酌。

中央委員會也幷沒有議決甚麼進一步的處分。馬克思在二月初間才眞正完成他的著作。這幷不值甚麼。這宣言在二月革命之前幾天發表。從這一點我們可以推知這宣言，自然的對於二月革命的準備事項，恐怕沒有甚麼影響。後來我們還知道宣言的第一版在一八四八年的五六月前還未輸入德國，我們就可以進一步的推斷這文件於德國革命也沒有甚麼影響。牠的內容只不過是不律塞及倫敦的共產主義者的小集團看過。

宣言是國際共產主義同盟的綱領。同盟包含少數的比利時人，幾位有共產主義思想的英國大憲運動者，大部分是德國人。所以宣言必然不能考慮一國的特殊情形，而要考慮全資產階級世界，共

(87)

產主義者第一次在牠的面前公開的宣示他們的目標。

宣言第一章，對於資產階級的資本主義社會，對於已出現的與在社會中繼續發展的階級鬥爭，有明决的描畫。我們從舊中世紀的封建制度胎孕中看見資產階級必然的發端。我們望着資產階級的存在的變革條件陪伴着經濟關係的變革。我們觀察與封建制度鬥爭所演的革命的任務，到如何非常的程度，他就養育了人類社會生產力的發達，這樣在歷史中第一次創造出全人類物質解放的可能性。

繼續着對於無產階級的進化作歷史的概敍，我們看見無產階級怎樣的必然與資產階級一樣的發展而且是緊隨着牠。我們看見牠怎樣的漸漸完成為獨立的階級。在無產階級自成為一階級之前，在牠創造出自身的階級組織之前，無產階級與資產階級的鬥爭，在我們的面前經過各種的方式。

宣言更進的對於資產階級思想家，對於共產主義所提出之一切異議，一律施以體無完膚的攻

(88)

擊。

　　馬克思，我們想像他藉助於恩格斯雖然沒有到甚麼程度，進一步解釋關於其他勞動政黨的共產黨的戰術。我們就遇着有興味的項目，宣言申明共產主義者沒有與其他勞動者諸政黨對立而組織獨立的黨。他們只不過是勞動者的前衛，他們超過無產階級殘餘羣衆之上的利益，是在理解勞動運動的條件，方向，與一般的結果。

　　我們已經知道共產主義同盟實際的歷史，這來解釋共產主義者的問題的說明就很容易了。宣言是爲當時的勞動運動的狀況，尤其是英國運動的狀況所圖指。同意加入同盟的大憲運動者，他們是有條件的，要承認他們與原來的黨保持原有的關係。他們不過把他們約束在大憲主義的組織中，差不多在共產主義核心的性質上，目的只在普及共產主義的綱領與思想。

　　"宣言"詳細分析社會主義者與共產主義者間激烈爭辯的許多主張。"宣言"最痛烈的批評他們，而且斷然排擊他們，除了馬克思與恩格斯相當地

(63)

採取過與修正過他們的學說的偉大的空想主義者，聖西蒙，傅立葉，歐文。容納他們對於資產階級制度之批判，"宣言"特為反對平和的，空想的，非政治的社會主義，而高揭新的無產階級的批判的共產主義之革命綱領，

最後，"宣言"檢察革命時期共產主義者的策略，尤其是對於資產階級諸政黨的關係，進行的程序是視各個特殊歷史的條件而各國不同。資產階級已經統治的國家，無產階級的經濟鬥爭就專門對付牠。其在資產階級正在爭奪政權的國家，如德國，共產黨就要與資產階級攜手，來反對君主與貴族，一直到最後的戰爭。

資產階級的利益與無產階級的利益極端的相反，在這一點上，共產主義者絕莫有停止把真理的尖銳的意識，注入勞動者的心胸。這下就是很嚴重的私有財產問題。一八四八年二月革命三月革命的前夜，馬克思與恩格斯作成這樣策略的規定，我們追看這些規定如何應用到實際上去，而且如何在革命經驗的結果後加以變革。

(90)

我們現在對於"宣言"的內容已有了概略的觀念。我們必需記着構成這科學著作的結果是恩格斯尤其是馬克思在一八四五年到一八四七年末所完成的。這時期中，恩格斯在他所蒐集的"英國勞動階級狀況"中已經蒐集了很多材料，馬克思專力研究政治思想史與經濟思想史。這兩年中他們以全力與各種唯心論學說爭論，頗充實的發展了唯物史觀，這使他們對於物質關係，與通常決定社會關係的生產條件與分配條件的研究，得到指南。

新學說全部的明決的由馬克思，就在"宣言"之前，與普魯東的爭論中披瀝出來。在"聖神家庭"中，馬克思非常讚賞普魯東。但是這兩舊友間決裂的原因何在呢？

蒲魯東與威特林一樣，是個工人，也是個自修者。他後來成為著名的法國著述家之一。最初以他非常革命的精神，應用到他的文學生活上，他在他一八四一年出版的"財產是甚麼？"裏，很犀利的批評私有財產的本質，得到大膽的結論，說私有財產是盜賊。雖然在實體上蒲魯東的判定只是根據於

(91)

大資本家掠奪小生產者的資本財產制度的經過的一種財產形式。對於資本家私有財產的推翻，幷沒有提及，蒲魯東同時反對共產主義。照他講，農人工人的幸福的獲得，只在於保有同增殖他們的私有財產。他以爲勞動者的狀況，不必由同盟罷工與經濟鬥爭，只須由勞動者與財產所有者間的關係的改善，就能增進。在一八四五年到一八四六年，結果地形成他的觀念，他第一次決定一個他以爲可以救濟工人的落沒，而轉變無產者成獨立生產者的計劃。

我們已經說過恩格斯在巴黎所負的任務，關於綱領討論的主要反對者是代表"眞正社會主義"的格恩。格恩同蒲魯東非常接近，他把他的意見向旅居巴黎的德國工人反覆開陳。在蒲魯東發表他的新著之前，這本書是在暴露社會內在的全部"經濟矛盾"，而說明貧困的起源，這成爲"貧困的哲學"，他已把這新的計劃告訴了格恩。格恩很着急的就利用來與共產主義者論爭。恩格斯急刻把他們的計劃通知不律塞委員會。

（92）

"救濟世界的計劃是甚麼呢？再沒有過於各種手工業者的組合所起的有名的破產的'英吉利勞動市場'了。所要求的是巨大的額量：所有由組合員製造的生產品是照原料加勞動的價格來計算，付與其他生產品也以同樣的方法去嚴密地計算。超過組合需用的生產品，賣與世界的市場，這宗收入就歸還與生產者。這樣狡猾的蒲魯東就以為商業中間人的利潤可以廢止，而有利於自身及其組合員。"

在他的信件中，恩格斯通報了蒲魯東計劃的新項目，而憤懣地洩露工人把積蓄來購買工廠，使工人一旦轉變為財產家的空想，依然惹動德國的勞動者。

蒲魯東的"貧困的哲學"出世後，馬克思立刻坐下來從事著作，於一八四七年寫成一本小書，"哲學之貧困"，這裏面一步一步的把蒲魯東的思想推翻。他並沒有把自己僅僅範圍於破壞的批評上；他還披瀝他自己充分發展的共產主義思想。由他這種思想的光輝與犀利，由他的敍述的正確，這本

(93)

書成爲共產黨宣言之有價値的入門書，而且不下於一八七四年馬克思爲蒲魯東寫的"政治無關心"的最後的論斷。這證明馬克思在一八七四年還在開展他根本意見的論點。

馬克思在一八四五年遲疑的第一次形定他的思想。兩年多的刻苦著作寫成"哲學之貧困。"在研究無產階級的形成與其在資產階級社會中發達的狀態，他深深地參透資本主義制度下的生產法則與分配法則。他以辯證法的眼光，再驗資產階級經濟學家的諸學說，證明根本的範疇，資產階級社會的現象，如商品，價值，貨幣，資本，都不過是暫時的過渡。在"哲學的貧困"中，他最初企圖把資本主義生產行程的發展的主要形相，舉示出來。這還是初次的嘗試，但是從這裏，就很明顯了，馬克思走上正確的步道，他有眞實的方法，他有精確的指針。由這樣的助力，他明瞭的經過資產階級的經濟學的叢蕪而邁進於正途。但是這本書又證明這還不能說是已獲得正確的方法，因爲我們不能把自己限制於一般的結論中，必需嚴密地研究資本主義

(94)

社會的現實，這樣我們才能夠透入於錯綜的機能的精確中。馬克思有巨大的工作在他的面前；初次嘗試，雖然是天才的工作，但依然可以改爲巍然的建築。但是在他有機會去建立他的大廈之前，他同恩格斯都不得不投入一八四八年的革命中；這是他們焦急地等待着的，這是他們豫期着的，這是他們準備着的，并且爲參加革命，他們已經作出"這共產黨宣言"根本命題了。

(95)

第 五 章

一八四八年之德國革命

在萊茵省之馬克思與恩格斯

新萊茵新聞之創刊

哥加克與威理其

哥隆工會

新萊茵新聞之戰策與戰略

司特芬保恩

馬克思之戰略的改變

革命失敗與共產主義同盟內

  部意見之紛爭及其分裂

"共產黨宣言"在二月革命之前幾天發表，共

(96)

產主義同盟的組織於一八四七年十一月才漸次完成。同盟包含巴黎，倫敦，不律塞的小團體，與若干德國更小的集團弛緩地取到聯絡。

這在牠自身，足以顯出馬克思所參加活動的共產主義同盟的德國支部的組織力，是十分的散漫。一八四八二月二十四日革命在巴黎燃燒起來。急速地漫延到德國。三月三日在萊茵省首城哥隆有著名的暴動事件。市當局不得不向普魯士王提出請願書，希望他能注意到這暴亂而給予相當的讓步。哥隆暴動的領袖人物是著名於哥隆貧民工人間的醫生哥加克與退職官吏威理其。三月十三日維也納發生革命；十八日波及於柏林。

此時期中，馬克思都住在不律塞。比利時政府不願意居留在不律塞的移民，攫奪七月王朝的運命，就逮捕了馬克思，隨後要他於數小時之內出境。他去到巴黎。法蘭西臨時政府領袖之一，胡羅康，是馬克思當投稿者時之新聞編輯者，他早就邀請馬克思，說舊政府的法令是革廢了，現在的法蘭西是自由的國土。

(97)

大陸革命爆發後，倫敦委員會把權力交付與不律塞區委員會，而區委員會又交付與馬克思。集合在巴黎的許多德國工人，起了不少的糾紛，因此成立了各樣的團體。其中之一為巴枯甯所指導，他與一位德國詩人赫咪喜共謀組織一個武裝團體，打回德國。

馬克思竭力去說服他們放棄這個計劃；而且勸他們單獨的回到德國，去參加革命事件。但是巴枯甯同赫咪喜固執着他們的舊案。赫咪喜組織了一隊革命軍，公然到達德國的邊境，然而全被擊破了。馬克思同二三同志陸續回到德國，他們散居各地。馬克思同恩格斯是到萊茵省。

我們必定記着共產主義同盟的德國支部是莫有組織的。只有孤立的同情者。那嗎馬克思，恩格斯及其同志，怎麼辦呢？在這裏所敍的事件之後四十年，恩格斯告訴青年同志，他同馬克思於一八四八年在德國所取的策略。問題是"為甚麼他同馬克思住在萊茵省的哥隆城，而不去到柏林呢？"他給以下方的明決的答案：他們選定萊茵省，因為牠是

(98)

德國產業最發達的地方；牠是統治於法國革命的世襲財產，拿破侖法典的制度之下的地方；這樣他們企圖可以得到行動的比較自由，煽動宣傳的比較寬容。除此之外，萊茵省還有有意識的無產者份子。眞的，哥隆自身幷不在萊茵省最產業化的地域之內，但是在行政上及其他的意義上，牠是這一省的中心。在那時代，牠差不多就有八萬的人口。牠最重要的機械工業是製糖業。化學香水業雖也重要，但不需要幾多的機械，綿織業比愛爾堡菲得，巴門明顯的落後一點。無論如何，馬克思與恩格斯有充足的理由，把哥隆選爲他們的居留地。他們想與全部德國保持接觸；他們想創立有力的新聞，使之成爲全國的新聞，在他們的意見，哥隆是最適當的地點。一八四二年德國資產階級不是就在這一省內發行過第一次重要的政治機關報嗎？這機關報的初步印刷工作，繼續的準備了一個時期。馬克思與恩格斯，把這組織好了的新聞，很成功的控制起來。

但是這新聞是屬於民主主義諸團體的報紙。

(99)

這裏恩格斯說明他們爲甚麼要把牠當成"民主主義的機關報"。沒有無產階級的組織，所以他們就只有兩條路好走，一是立刻組織共產黨，一是利用這已經拿在手中的民主主義的團體，最先聯合起他們，其此以批評與宣傳在內部去打動他們，使其改組。幷激動向未加入民主主義團體之勞動者集團。他們選定第二法。這使馬克思與恩格斯同三月三日後哥加克與威理其立刻組織起的哥隆工會的關係，立於背信的地位。

哥加克是一位馳名哥隆貧民中的醫生。他不是共產主義者，在他的思想上，甯肯說他接近威特林及威特林派。他是很好的革命者，但很容易意氣用事。他本人是一無可非難的人。雖然他沒有在一定的綱領指導之下，但他十分地批評民主主義，他在市政廳的公衆面前說"我之來幷不是以人民的名義來的，因爲這些代表，他們已經是人民的代表；不，我是以勞動者人口的名義來向諸位演說。"他把勞動階級與全體民衆分開。他主張革命的手段，但是是共和主義者，他要求全德意志共和國的

(100)

聯邦。這是他與馬克思意見分歧的重要的一點。他在哥隆組織的團體是"哥隆工會"，不久就差不多把全城的無產者份子都收容了。據計算大概有七千人。因為這只是八萬人口的城市，所以這數目已是很大了。

哥加克領導的"工會"不久與馬克思及恩格斯所屬的團體，發生衝突。可是我們要注意這龐大的工人團體內的份子是與哥加克分立的。如摩耳與莎蒲，雖然是"工會"的會員，但他們較接近於馬克思與恩格斯。所以"工會"裏不久就形成兩派。但是事實是這樣的，哥隆工會依然存在，另有一個為馬克思，恩格斯及其會員所主持的民主主義的團體，與之併行。

這一切都是馬克思計劃的結果。任何事情都集中在一點。馬克思與恩格斯希望把一八四八年六月一日開始發行的中央機關報，作為樞軸，在革命鬥爭過程中，所有將來組織的共產主義團體，都集合來圍繞着牠。我們不要以為馬克思同恩格斯加入了民主主義的機關報，他們就是民主主義者

(101)

了。他們不是的；他們是以共產主義者加入而自處為全民主主義團體中的極左派。他們莫有一刻停止去猛烈的摘發不只德國自由黨的錯誤，而且還及於民主主義者的錯誤。他們大奏功效，不幾個月連股東都沒有了。在最初的論文上，馬克思攻擊得民主主義體無完膚。巴黎無產階級的六月失敗的消息到了的時候，由資產階級政黨支持的卡汾雅克，以掃滅工人而致殺戮數千巴黎工人的屠殺的消息到了的時候，民主主義的機關報，新萊茵新聞，發表一篇論文，現在還留着雄勁與情熱的氣勢，痛擊資產階級的膾子手與民主主義的擁護者。

"巴黎勞動者為他們敵人的優勢的武力所粉碎，他們全部破滅了。他們被擊破，但他們的敵人也大受損失。野蠻力量一時的勝利，買到二月革命的一切蠱惑與幻影的破滅，舊共和黨全部的瓦解，法國國民分為雇主國民與工人國民兩種的分裂。三色的共和國今後變成單色的，失敗者的色，血的色。成為赤色的共和國。

"二月革命是非常光輝。牠是世界普遍的同情

(102)

的革命。內部燃燒的矛盾來反抗王權,而橫着潛在的調和,方方面都沉睡而不發展,因為成為反抗背境的社會鬥爭,單是空幻的存在,存在在字句上。在反面,六月革命是嫌厭的,唾棄的。他替現出事實的字句,因為共和國自身就棄去他掩護遮閉的王冠,露出怪物的頭面。

"我們民主主義者要被誘墮於凝視在我們面前的深淵嗎?我們斷言這種國家新形態的鬥爭是乏意味,是幻影空想嗎?

"只有心弱心怯者才發這類的疑問。在資產階級社會的諸般條件下發生的衝突,是要作戰到最後;他們不為理性所屈伏。國家最善的形態是一個社會的矛盾不由武力克服,換言之,但是為技巧的特能的手段所克服。國家最善的形態,是矛盾的衝擊在裏面公開爭鬥,這樣達到解決。

"有人將要發問,這是不是可能,我們的於普遍狂暴的犧牲者,對於國民軍,對於常備軍,對於共和國軍,對於戰綫上的兵士,我們將不滴一點淚,歎一息氣,發一句話?

"國家要保護他們的寡婦與孤兒，法令要表揚他們，莊嚴的葬儀要安置他們的遺體在最後的安息所，御用新聞要宣言他們的不朽，全歐洲的反動勢力從東到西都要爲他們頌揚。

"但是平民們，爲飢餓所趨迫，爲新聞所敲榨，爲醫生所忽略，爲可尊敬的強盜認爲煽動者，囚人；他們的妻子依然沉入無底的貧窮，殘殺剩餘的他們最好的代表都逼赴外國，把王冠來裝飾他們威嚇陰鬱的頭額，這是民主主義的新門的特權，權利，與義務。"

這是一八四八年六月二十八日寫的論文。這樣的論文不是民主主義者所能寫得出來；只有共產主義者才寫得出來。馬克思與恩格斯的策略沒有欺騙一個人。這報紙從此得不到民主主義的資產階級之財政的援助。牠實實在在變成了哥隆工人，德國工人的機關報。共產主義同盟的其他會員散處全德國各地，繼續他們的工作。其中之一，保恩，一個排字工人，是值得敍述的。恩格斯對他沒有甚沒好感；因爲他探取別種的戰略。他在柏林很

（104）

第五章

早就認清自己是在無產階級的中心，他把創造勞動者大聯合作為他的目標。由幾個同志的贊助，他發行一個小雜志"勞動者同胞，"在各種勞動者間，為有組織的煽動。他不像哥加克與威理其，把自己認為是在組織勞動者政黨。保恩是担負起組織同業組合與其他的團體，來保護勞動者的經濟利益。他進行的非常有力，不久就把這種組織在鄰近的城市開始，并且傳到德國的其他部分。但他這種組織有個缺點，就是太注重了工人的純粹的經濟要求，而忽視其他的要求。這樣，這時候共產主義同盟的其他會員，正在全德國組織純工人的團體，在南方以馬克思為領袖，用全力的改組民主主義的分子，甚至於把勞動階級在民主黨中都作為核心。馬克思以這種精神，從事他的工作。

"新萊茵新聞"直根究到各種根本問題。我們要承認這報紙直到現在還保有革命新聞所難達到的理想。牠的分析的敏銳，牠的活潑，牠的革命的熱情，牠的寬闊深沉，至今還無可與匹敵者。

我們在未討論這報紙決定的對內對外政策的

(105)

根本原理之前，我們且考察他的總編輯的革命經驗。無論馬克思，恩格斯，除了法國大革命供給的經驗之外，他們沒有任何別的經驗。馬克思曾經最深切注意的去研究這個革命的歷史，努力計劃將來的革命時代所應取的戰略的原則，他與蒲魯東不同，他是有正確的先見的。那嗎馬克思從法國革命的經驗裏學到甚麼呢？一七八九年的革命爆發了。這代表一個更長期的過程；從一七八九年一直到一七九九年，就是一直到拿破侖完成他的政變那一年。十七世紀的英國革命，也暗示出將來的革命是一個長期革命。法國革命同一般的歡喜，一般的狂叫，一齊開始。劈頭一着是資產階級得到壓迫民衆的領導權。後來，在資產階級勝利之內，發展着內部的傾軋。在鬥爭的過程中，政權移轉與極左派。這樣的鬥爭繼續三年，結果政權落到雅各賓黨的手裏。加意研究雅各賓黨的進化的馬克思，這在他看起來，下次革命，也可以指導這種在長期政治行動的灼熱中自然發生的力量。

這個前提說明他的錯誤。他把這個意見固執

（106）

了很久的時間，但是一聯貫的事情發生出來，使他不得不拋棄這個前提。革命在西方受着最初的打擊，是巴黎無產階級的六月失敗。這立刻給與普魯士，奧地利，俄羅斯發生反動的機會。尼古拉一世最先援助普魯士王；謝絕武裝的援軍，俄羅斯資助的軍費卻快活地接受了。這證明是非常的援助。反抗奧皇，匈牙利發生叛亂，尼古拉出兵援助。他們受到歡迎。

"新萊茵新聞"根據法國革命的經驗，主張下列的策略：與俄羅斯開戰，這看來是營救西歐革命的唯一手段。巴黎無產階級的失敗是革命最先的打擊。法國大革命的歷史顯示對於聯合軍的攻擊，給與革命運動以強烈的刺激。溫和派是趕在一旁。能夠強頑地排拒外來打擊的各政黨握着領導權。由於聯合軍攻擊的結果，法國於一七九二年八月十日宣言為共和國。馬克思與恩格斯希望新革命對反對派的戰爭，可以引出同樣的結果。這就是他們在報紙論文上終竟批評俄羅斯的理由。俄羅斯繼續着為奧地利反動，德國反動的後力。每篇論文都想證明對俄羅斯戰爭是救革命的唯一手段。民生主義的分子預備這個戰爭是唯一出路。馬克思與恩格斯主張對俄羅斯的戰爭必需覺醒德國人民革命的情熱的搖憾。由這意見的指引,馬克思與恩格斯擁護攻擊現存制度的一切反抗的革命趨勢。他們是匈牙利革命最熱烈的擁護者;他們對最近謀亂的波蘭人極力的擁護。他們主張應當再建獨立的統一的波蘭。以同樣的精神,他們主張德國的統一應當是共和國,而且收回德國曾經管屬過的幾處地方,因為住民是德國人。總之,在任何方面,他們的主張都真實地以"共產黨宣言"的基本原則,去直接的反對現存制度,贊助每個革命運動。

但是那不能看過就是"新萊茵新聞"的論文,都全屬於政治方面的討論。他們總常批評資產階級的政治行為,也批評官僚的政治行為。我們精心閱讀"新萊茵新聞"時,我們就會很驚異於無產階級問題的欄位的不充分。尤其是在一八四八年的那年是如此。反之,保恩的機關報,反類似近代勞動組織的機關報。牠充滿了無產階級問題的討論。

(108)

在馬克思主辦的報紙中，直接關於勞動階級的要求的問題，非常之少。差不多全新聞都為政治的熱情所鼓舞，並且對從一切殘餘封建制度中解放德國的一擊的民主主義革命勢力的創造，為有利的煽動。

但是到一八四八年末，情勢變化了。巴黎無產階級六月失敗之後，漸次得勢的反動勢力，於一八四八年十月成為更進的攻勢。維也納的失敗成為預兆，接續到柏林失敗。普魯士政府以重新的傲慢解散了國會，自己作成一部憲法。全普魯士資產階級在効力於實際反坑的地位上，對於人民與普王政府的調和，處於困境。

他方面，馬克思認為一八四八年三月普魯士的王權巳經擊破，更不必再去討論承認他的王位。人民要製定他們自已的憲法，不必顧慮王權，而且要宣言這是統一的德意志共和國。但是為自由的民主的資產階級的絕對大多數所佔據的國會，對王朝最後的決裂，顯着恐懼，繼續着妥協的論調一直到解散。

後來，馬克思確信就是德國資產階級的極左派，也不能對他們懷甚麼希望。就是中間階級的民主主義派，他們希望他們創建自由的政治狀況來扶助勞動階級的發展，也暴露出他們全然不能勝任這件工作。

根據柏林與佛蘭克佛大會的悲慘的經驗，馬克思在一八四八年十二月這樣去分析資產階級的特質。

"一六四八年與一七八九年的革命，佔立在新時代的入口前，如其所爲着，鼓舞着無限的誇狂的感情，這誇狂是一八四八年柏林人根據於彼等代表時代錯誤的事實。他們的光與星光不同，星光是直線放射的發光體消滅十萬年之後，達到我們地球上的居民。普魯士的三月革命，就顯明是在歐洲的一個星的縮體，牠除了是星的縮體，也沒有甚麼了。牠的光是很久以前腐敗了的社會屍體的光。

"德國資產階級發達的很遲純，怯懦，綏慢，當牠開始威脅封建制度與專制政治的時候，已經在另一方發現自身是爲無產階級及與無產階級的利益,思想一致的都市居民所反抗。牠的敵人不只在階級的背後,還在全歐洲的前方。不同於一七八九年的法國資產階級,普魯士的資產階級不是能夠防衛當代社會全部來反抗舊制度的代表者,卽王朝,貴族的階級。顯然傾側於王冠與人民對立的階級的水平之上,傾側於敵人彼此關係躊躇的階級的水平之上,因為兩者或前或後的都被疑視着;最初的形勢就是背叛民衆及與舊社會的王室代表妥協,因為德國資產階級自身就屬於舊社會;牠不是代表新制度的利益來反對舊制度,而牠的利益就在重新獲得生命的舊制度之內。牠佔立在革命的先頭,幷不是民衆在牠的後方,只是因為民衆把牠押到前方了;牠發覺自身在先頭幷不是牠要發端去擁護新社會的時代,只是因為牠代表對舊社會的時代的不滿意;牠還沒有影響到牠出現的舊國家的階級,但是由於突動,就把牠湧出新國家的表面;牠自身沒有信念,民衆不加信任,在上層階級前吼叫,在下層階級前戰慄,對兩者的態度都是自私,而又要為自私辯護,在保守者眼中是革命,在

(111)

革命者眼中是保守，不忠實於以字句代替思想的自己的口號，為世界的風暴所威駭，但又利用這些風暴，缺乏任何方面的能力，而又求助於在各方面獲得的剽竊，經過平凡的缺乏的獨創性，但平凡於偏向的獨創之中，與他自身的希望妥協，沒有開創，自身沒有信念，民眾不加信任，沒有普遍的歷史的演導，在他自身老的利益中以衰老的人物，努力於不可能的工作，要去指揮，操縱新民眾的康健青年的熱望，老的眼，老的耳，老的齒，老的無論何物，這就是普魯士資產階級的地位。自三月革命以來，牠還領導了普魯士國家的運命呢。"

馬克思在"共產黨宣言"中對進步的資產階級所懷的希望，雖然他列舉了以前真正合作的一串情形，可是沒有得到滿意。到一八四八年秋季，馬克思與恩格斯改變了他們的策略。不拒絕縱助資產階級的民主主義者，也不與民主主義的團體斷絕關係，可是馬克思轉移言動的中心到無產階級中了。同摩耳，莎蒲一共把工作集中於有代表在民主主義協會市區委員會中的哥隆工會身上。因哥加克被捕的事實,摩耳被選爲工會的主席,這指明共產主義者勢力的增大。由哥加克爲首的聯邦主義者的傾向,漸次減縮至最少限量。摩耳有一時期不得不離開哥隆,馬克思雖然反覆的辭退這個榮譽,但被選爲主席。當二月間新國會選舉時,發生衝突的意見。馬克思同他的一派人主張工人沒有機會選出他們自己的代表,那就投民主主義者的票。少數派反對這個主張。

　　三四月的時候,工人與在民主主義協會市區委員會中的民主主義者的傾軋,到了必然決裂地步。馬克思與其贊助者退出委員會。工會重新召集代表,進行與東德意志的勞動者團體相提攜。工會自身由九個地方支部,即九個工人俱樂部重新組織中央俱樂部。到四月末,馬克思與莎蒲發出通告,邀集萊茵省,西佛利亞的全部工人團體,舉行地方大會,爲組織的目的,及選舉出席於六月中在萊比錫開會的"全國勞動者大會"的代表。

　　但是剛好馬克思與其同派計劃一個勞動政黨的組織時,革命又受一新的打擊。廢止普魯士的國

（113）

會,政府決定再廢止德意志的國會。所謂為帝國憲法而戰的事作,在南德意志開始。

我們必定較為詳細的敍述此點,而這是一般馬克思傳記家所忽略的。馬克思在哥隆的地位是極為動搖;他的行動不得不極度慎重。他雖然沒有生活到下層,可是他在一片政府的令狀之下,是逐放出哥隆的目的物。這裏說明馬克思覺得自己處境困難是如何來的。

蒙受普魯士政府不斷的壓迫,同極力主張要放逐他到巴黎,而且在比利時無保障之堪虞,馬克思最後決定向普魯士發表一篇妥協的宣言。他沒有向別國發表,他只向普魯士發表。普魯士政府接受了宣言。馬克思囘到哥隆,地方當局確認他為萊茵省的公民,但他們要求在柏林的普魯士政府的批准,但普魯士政府決定馬克思公民權的喪失。馬克思曾經努力去恢復他的普魯士公民權,他不得不於一八四八年後半年在公衆的面前斷念。當革命潮流高漲與情勢進步的時候,馬克思公開出現於公衆的面前;但不久反動潮流高漲與哥隆壓迫嚴厲的時候，馬克思退藏着而從事於文字的生活，換言之，就是在指導"新萊茵新聞"。這就是馬克思嫌棄的去當哥隆工會主席的理由。

照著策略的變更，"新萊茵新聞"的政策也有一個轉換。在轉變後第一，次登載"工錢勞動與資本"這樣的論文。馬克思在一篇長文的聲明上，敍述這報紙以前絕未談及關於資本與勞動的衝突的理由。可是這轉換已經太遲了。牠是在二月，五月間德國的革命全部破滅。普魯士政府的野蠻如風暴一樣的橫誇全國。軍隊向西南襲擊。"新萊茵新聞"就是第一個破難者。五月十九日停刊，最後發行有名的紅色號。（除開胡麗利拿德的一首美麗的詩之外，完全揭載馬克思向工人的講演，警告他們去反抗政府之反宣傳。）此後，馬克思離開萊茵省，如一外國人之不得不離開德國一樣。編輯部其餘人員，分散各處。恩格斯，廖耳，威理其去參加南德意志暴動。

英勇的，但是劣惡的組織的鬥爭，去反抗普魯士軍隊，幾個星期之後，暴動不得不退到瑞士。"新

（115）

萊茵新聞"的前編輯員與哥隆工會的前會員都逃往巴黎，但是一八四九年，在六月十三示威游行失敗之後，他們都被逮捕，而且被逐出法國。到一八五〇年初，他們才來到倫敦，差不多大家都是共產主義同盟的老同志。摩耳在南部暴動中死了。馬克思，恩格斯，莎蒲，威理其，烏爾夫，都來到倫敦。

馬克思與恩格斯由於他們那時著作的推察，還沒有失掉他們最初的希望。他們覺得這不過是革命進行中暫時的停滯。活潑的，宏大的高潮，是必然相續而來。為要使他們不至於疏忽，他們就願意鞏固組織，使之與德國緊密的結合起來。舊的共產主義同盟重新組織，新舊分子都從西利西亞，柏利斯魯，萊茵各省來加入。

不久，就開始發生意見的份歧。衝突的頂點是下列的問題：

就在一八五〇年初，馬克思恩格斯以為革命的一定恢復并不在過遠的時期，真確的，那時候共產主義同盟會曾經發出兩次有名的通告。列甯精心的記着，時常喜歡引用牠們。

(116)

第五章

在通告內——我們要記起一八四八年革命時期中馬克思與恩格斯所作的錯誤這才能夠了解這個通告——我們發現除去不饒恕的批評資產階級自由主義之外，我們還要攻擊民主主義份子。我們要集合全力去創建勞動者政黨來反對民主主義的組織，必定要痛擊，暴露民主主義者。假如他們要求十小時的勞動時間，我們要要求八小時勞動時間。假如他們要求大領地的相當賠償收用，我們要要求無償沒收。我們要用儘可能的手段去鼓動革命，要使牠永續，不要讓牠陷於廢滅。我們不能期必可以滿足目前的勝利。每一片征服的領域，都要作為更進征服的地步；每一個企圖都要宣言革命的完成是主義的報酬。我們要竭盡我們的力到最後的一息，去掘開，去毀滅我們所生存其中的社會的政治的建築，一直到舊社會最後對立的痕迹，全部廢絕。

關於現狀的評價，引起衝突的意見。衝突中反對派的重要人物是莎蒲與威理其，馬克思忠實於自己的方法，以為每一政治革命，都有一定的經濟

（117）

原因，為一定的經濟革命的結果。一八四八年的革命是緊接著一八四七年的經濟恐慌，那時除了遠東之外，全歐洲都陷入牠的掌握。馬克思在倫敦研究現行的經濟狀況與世界市場的情形提出結論，說這種新局勢不利於革命的爆發，而且他同他的友人所參加的新革命動亂的缺乏，可以相異的由革命者方面的革命發意與革命熱情的缺乏來說明。在他對現狀詳細分析的基本上，他達到這樣的結論，一八五〇年末，在經濟好況時期的表面上，發動革命，引起暴動的任何企圖，然必然無結果的失敗。而且當時的情勢是特別有利於歐洲資本主義的發展。驚人的豐富的金礦，在加利福尼亞，澳大利亞發現；大羣的工人衝入這些國家。一八四八年開始的歐洲，移民的洪流，到一八五〇年達於可驚的程度。

這樣經濟狀況的研究，引導馬克思相信革命潮流是低落的，而且倘若沒有另一經濟恐慌出現與乎創出更有利的情勢，革命運動的恢復尚不可能。共產主義同盟有幾位會員不信服這樣的見解。

這種意見遇見無經濟學素養者的特別非難，而且他們對少數決然的個人的革命發意，看得過度的重要。威理其，沙蒲，哥隆工會的一些會員，老的威特林派，一齊結合起來，他們主張有立刻在德國發動革命暴動之必要。所有他們需要的，他們要求的，是一筆大款的金錢，一羣勇敢的個人，他們開始找錢。努力去從美洲募集以德國革命為目的的一筆公債。馬克思，恩格斯與其少數接近的朋友拒絕參加這個運動。最後的決裂發見了，共產主義同盟分為馬克思，恩格斯一派，威理其，沙蒲一派。

這時共產主義同盟仍然在德國的一部分陷於困境。從一八五〇年起馬克思與恩格斯很盡力於帶同德國同盟部分，一直到倫敦改組。派遣密使到德國去的目的，在與德國共產主義者建立密切的結合。其中一人被捕。從他身上搜得一張紙，洩露了同志的人名。很多的共產主義者被捕入獄。普魯士政府為要示威給德國的資產階級看，它把沒有理由可以恢復牠一八五〇年失掉的少數權利，對共產主義者很嚴厲的審判。一共有幾個共產主

(119)

義者被判處相當的長期監禁，其中就有勒司能（原注：後來在鈕約出名的醫生吉可比，是本案被告之一）。在裁判進行中，有幾樣醜惡的事情暴露出來，威駭者，司特柏兒，調書之僞造，僞證等。

由於與他一方面的共產主義者的勸誘，馬克思寫了一本小册子，裏面暴露普魯士官憲關於處決共產主義者之殘暴。可是證明被告方面幷沒有得到怎麼的援助。裁判已經結局，馬克思，恩格斯，及其同志得到一個結論，在事件不利的結果的表面上，幷且自從一切革命關係與德國斷絕後，同盟沒有甚麼辦法，只有等待較爲有利時期的到來；一八五二年同盟正式宣告解體。共產主義同盟的另一派，威理其與莎蒲派，有名無實的存立了一年。有人去到美洲（原注：威理其在南北戰爭的時候，充南軍的將軍。）莎蒲留在倫敦。幾年後他承認一八五二年所作的錯誤，復與馬克思，恩格斯和好如初。

第 六 章

五十年代之反動

紐約郵報

克奈明半島之戰

馬克思與恩格斯之意見

意大利問題

馬克思恩格斯與納薩爾意見之衝突

與佛嘉特之論爭

馬克思對納薩爾之態度

因為共產主義同盟的解體，馬克思與恩格斯多年的政治活動，因而中絕。一八四九年開始的反

(121)

動,猛進到一八五四年,達於最高點。自由的政治活動的一切痕迹,都歸於銷滅。勞動組織嚴厲的被禁止。出版自由因一八四九年的騷動而滅亡。所有剩餘下來的,只有普魯士議會,就是牠也是恐佈的反動的。

馬克思與恩格斯之當前的最緊要的問題,是生活問題。當時馬克思與恩格斯所陷的物質困境,我們殆難想像。恩格斯對於曾經與之衝突過的當裕的父親,也矜驕的不去向他低頭。他同馬克思想去尋一點文字的工作。但是德國封鎖了他們的前途。他們在美國得到機緣去為勞動者的機關寫文章,但是這不能得到最低的報酬。那不過是無償勞動的絕大機會。

這時馬克思在美國的新聞上發表他最有精彩的歷史著作的一篇 "魯易波勒旁之二月十八日"。(原註:此新聞名"革命"一八五二年在紐約由威德默葉兒出版。) 其中馬克思對二月革命作精功的研究。一步一步的,解除種種的困難,他追述到革命運命的各階級間之鬥爭的決定的影響。

(122)

他指示出包括最民主主義的分子的資產階級諸部分,如何的後來一個一個地有些是故意的而且惡意的,有些是不自願的而且在眼上掛着眼淚的,背叛了無產階級,拍賣了無產階級,當成犧牲品拋擲與軍人及刑吏。他指示出形勢如何的漸漸致使無用之物如拿破侖三世者,能夠奪獲政權。

同時馬克思益陷於物質的貧困。在他住居倫敦的最初數年間,他失去一男一女的兩個小孩子。當他的女兒死的時候,真確的他沒有一文錢來作葬費。

咬緊牙齒,恩格斯決定還是去做他稱一切工商業的老的"狗的買賣"。他受他父親的工廠的英國分廠辦事處的雇用,他移居於曼切斯特。最初,他不是平常的事務員,他到底獲得他父親的與公司的英國分廠的信用;他顯示出他有從事於企業的能力。

馬克思留住在倫敦。共產主義同盟烟銷雲散了。只有少數的工人集合着"共產主義工人教育社,"以縫工,排字工支持不安定的生活。只有在一

(123)

八五一年末，馬克思突然得到與"紐約郵報"撰文的機會。"紐約郵報"在當時是有力的報紙之一。郵報的編輯者之一，丹拿到過德國，他在一八四八年革命時期中會過馬克思，因此就約請馬克思為這個報紙寫關於德國的論文。丹拿到過哥隆，他了悉馬克思在德國新聞記者中所佔的重要地位。他考量德國讀者的興趣，（革命時德國移民到美國的人數非常增加，）丹拿決心把郵報談到西歐的欄位，為他們起見，加以擴大。這從來未見的邀請，反引致了困難，因為這時馬克思還不能寫英文。他轉求恩格斯的助力，建立起很巧妙的合作的方式。我們已經知道"共產黨宣言"雖然是馬克思與恩格斯聯名出版，但實在完全是馬克思的著作。恩格斯只不過在其中加上些微的意見，如他們共同著作的"神聖家庭"一樣。現在恩格斯是擔負了大部分的工作。這些論文現在集成一册單行本，題為"德國之革命與反革命"。大家都相信馬克思是作者，但從他們的通信上，我們現在知道恩格斯才是眞正的作者。恩格斯根據馬克思所供給的意見與材料，寫

（124）

這些論文，大部分又是根據他們兩人在"新萊茵新聞"上所寫的論文。這樣馬克思與"紐約郵報"開始發生關係。一年後，他得到充分的英國語的熟練，可以自己動筆寫文章。

這樣，從一八五二年，馬克思就有了發表自己意見的定期刊物。不幸的這刊物不在歐洲。美利堅的讀者所要求的，是要能解答他們自身的特殊問題。雖然對歐洲事件感着興趣，但興趣及於能影響及美利堅合衆國的事件而止。在五十年代時美國最重要的，最有興趣的問題是黑奴解放的問題。另一燃眉的問題，是影響及於南北諸洲的自由貿易的問題。

"紐約郵報"是贊成黑奴解放的報紙。但是對於自由貿易與保護貿易的論爭中，卻是保護主義的左袒者。在解放黑奴問題上，馬克思與報紙的意見一致。在第二個論題上，馬克思不能接受編輯者的意見。但是歐洲對於別的問題供給了豐富的材料。

自一八五三年春季以來，歐洲的轉動事件開

（125）

始急進。我們必須注意這種速度并不是由下面壓迫所發生。反之,歐洲的國家如俄羅斯,法蘭西,英格蘭,都好像有興趣於維持秩序,但是突然之間爭鬥起來。這顯出統治階級與統治國家的特徵。及到他們由革命的威脅中解放出來,存在於德,法,英,俄間的舊有的不諒解,再開始陳現於表面。一八四八年革命前各國間發狂的競爭,而且只有一個時間,經過必要的重壓,窒息着把聯合戰綫讓與革命的壓迫,現在是重新燃燒起來。幫助西歐恢復"秩序"之有效的俄羅斯,以為現在是要要求服務的代價了。他以為現在是伸爪於巴爾幹半島的最好機會了。他從前在歐洲漸漸蠶食土耳其領土的奢望,重生出來。認現在為侵略政策絕好機會而包圍尼古拉一世王朝的黨徒,漸次得到勢力。他們希望法國不要站在反對地位,由搭利派掌權的英國照着英俄成立的衷心協定,不來加以干涉。這種爭鬥的開始,表面上是以基督的墳墓為關鍵。實際上達達尼爾海峽才是爭鬥的骨子。

幾月之後,情勢頓成急迫,英法兩者都不願意

第六章

戰爭,兩者都感到戰爭不會有甚麼好處,但結果是不得不對俄羅斯宣戰。重新引起東方問題到前綫的著名的克奈明戰爭爆發出來。馬克思與恩格斯就有了機會,就是在遠遠的美洲都可以去解說這些時事問題。馬克思與恩格斯祝賀這次戰爭,後來畢竟這戰爭對支持反革命的三大強國有沒落的意味,一切的強盜與之共沒落,而善良的國民似乎反得到利益。馬克思與恩格斯從這個視角來觀察這次的戰爭。可是他們對於交戰國的各個,不得不取一定的態度。這問題有少長時間討論的價值,因為馬克思與恩格斯在五十年代所獲得的立場,已經反覆的引證為關於戰爭的策略之討論的先例。在克奈明戰爭中,大體上取獲的,是馬克思與恩格斯直接的與土耳其一致而反對俄羅斯。我們知道馬克思與恩格斯認定俄羅斯沙皇政治為支持歐洲反動勢力的重大意義,他們又認定反俄羅斯的戰爭是激動德國革命熱意的主因的重大意義。他們自然就歡迎反俄羅斯的戰爭,而且就對俄羅斯主要的作為極惡意的批評。在他們文學的共同著作上,

(127)

恩格斯寫關於戰爭軍事方面的論文，馬克思寫關於外交與經濟上的諸問題。

但是是不是會推論到這一點，就是馬克思與恩格斯站在文化，開明，進步一面來反對俄羅斯，而他們宣告反對俄羅斯，他們就實際上與文化的開明的英法人一致呢？這樣的演譯實在是錯誤的。英法之被攻擊並不下於俄羅斯。所有拿破侖與帕爾麽司頓的勢力之參加於此戰爭中以反對亞細亞野蠻之文明進步的十字軍，不客氣的完全暴露出來。因為馬克思是親土耳其派，受人非難莫有更甚於此者。既非馬克思，也非恩格斯，閉着眼睛去看事實，土耳其比俄羅斯自更為亞細亞的，更野蠻的。他們對所有的國家都去批判，他們幷沒有所歧視。他們只有一個標準，就是不論問題之特定事件與特定事象，只是到底能不能促進革命的到來。從這個觀點，他們來批評英法的行動，我們已經指明了，他們不願意的拖入了戰爭，他們更不滿意於嚴刻拒絕他們提出的任何調解之頑固的尼古拉一世。統治階級的恐懼完全是正當的；戰爭似

(128)

乎是要延長。這戰爭從一八五四年起到一八五六年的巴黎條約，宣告終結。在英，法的工農羣衆間，這戰爭給與非常之衝動。強迫拿破侖與英國的統治階級給出許多的允許與讓步。戰爭的結果是英，法，土耳其的勝利。在俄羅斯方面，克奈明戰爭給所謂"大改良"一個刺激。這證示出以落後的農奴制度爲根據的國家，與資本主義發達的國家相戰，是如何的不可能。使俄羅斯不得不考量到解放農奴。

一八四八年到一八四九年的騷動時代之後，更需要一個必要的震動，以刺戟陷入昏睡狀態的歐洲。我們重提起馬克思與恩格斯，他們從威理其莎蒲派決裂出來的時候，他們宣言新的強大的經濟的動搖的結果，才有新革命的可能，一八四八年的革命恰恰是一八四七年恐慌的結果，所以新的革命只能從新的經濟恐慌的結果中產生出來。一八四九年開始的產業好況直至五十年代初期的範圍，就是克奈明戰爭也不能對之科以如何的打擊。

這似乎開始就現出這好況，是無盡止的時期。一八五一年，馬克思與恩格斯確信下次恐慌不在

(129)

一八五三年之後到來。根據他們過去的研究，大概是屬於恩格斯的，他們寫着這個意見，恐慌在資本主義生產的領域內是週期的轉置，相間的時間是五年到七年。照着這個計算，跟續着一八四七年的恐慌的恐慌，豫想總在一八五三年。但是馬克思與恩格斯犯了稍許的錯誤。這時資本主義生產漲落到各形相所經過的時期，證明需要有一更長的時間。恐慌在一八五七年始爆發起來；牠站據一個非常的惡性與廣泛的範圍。

馬克思狂喜的迎着恐慌，雖然對於他個人是除了貧困以外，沒他甚麼。馬克思從"紐約郵報"獲得的收入，并不很大；初起每一篇十元。後來十五元。比較起來他住在倫敦的初年，這種收入依然合併着恩格斯的補助費。恩格斯常自己爲英國的報紙從事大部分的工作，這使馬克思有達到兩種目的的機會。除開他"資本論"的經常工作，他可以找出時間來爲大憲黨的中央機關報"人民新聞"，寫沒有報酬的文章。

由於一八五七年的恐慌，形勢非常惡化。美國

（130）

最先被其犧牲。"紐約郵報"不得不節儉牠的經費，國外通信縮減到最小限度，馬克思再行借債度日，不得不再行謀收入之道。窮困的時代一直到一八五九年。這來了一個休息的時期。後來到一八六二年，馬克思終止郵報擔負的工作。

但在私人事件上，馬克思殊為不幸，此時期中別的災難亦及其身，在他革命的觀點上，他絕不再比一八五七年後更為樂觀。由他的豫測，新的經濟恐慌要使世界到處的革命運動都復活起來。英國的黑奴廢止，俄國的農奴解放，都成為要求立刻解決的極緊急的問題。資產階級的英國正舉起全力去鎮壓印度的擴張的暴動。西歐也在混亂的狀態中。

一八四八年的革命遺留下若干尚未解決的問題。牠北方的大部分依然在奧地利的手中。匈牙利由俄羅斯的銳劍之助，方得解脫，復為奧地利所束縛。德意志依然是幾多大小候國王國的累積，普魯士與奧地利不斷的為領地，為所謂德意志的聯邦霸權，互相爭論及征戰。

(131)

一八五八年，全西歐的國家，已經開始反抗運動與革命運動的興起。未解決的舊問題重新現出表面。在德國爲聯邦的競爭，激動不止一次。叫出包括奧地利的全德意志的聯邦的"大德意志"派與以普魯士爲聯邦中心而將奧地利除外的"小德意志"派間的鬥爭，依然繼續進展。

在意大利，同時有國民熱望的類似覺悟。在法蘭西，一八五七年的恐慌使其許多大企業破產；紡織業特別受到影響。小資產階級開始顯出反抗的精神。下層的革命團體又表現出新的活力。六月失敗後幾瀕於死的勞動運動，特別在建築業與家具裝造業中復活轉來。莫斯科許多巨大營業的失敗，使俄羅斯也受到第一次資本主義的洗禮，現在也開始沿自由主義的改良之路舉步。

想把自己超脫於國內的難局，各國政府，尤其是拿破侖，努力在外交政策上去虛張聲勢，以縈惑人民的注意。拿破侖記起一八五八年意大利革命者阿斯利的陰謀，知道警察不是必然的萬能。他不得不去考慮究竟那裏使人民有不平之怨。爲要排

(132)

除勞動羣衆的革命感情，拿破侖提出意大利脫離奧地利覊絆的進步的口號。他立刻與撒地尼亞王的臣子加富爾締結祕密條約。撒地尼亞在意大利所負的任務有似普魯士在德意志在負的任務。

御用新聞所空談的全是表明一切意大利統一的問題，根據於拿破侖所允許幫助撒地尼亞的實際條約，則內容完全是不同的；這并不是意大利的統一，這只是倫巴底與維尼斯的束縛而使撒地尼亞領土的擴大。除去教皇領土的全部保留的約束外，拿破侖受取尼斯與薩伏衣作爲報酬。被逼着蠕行於左黨與僧侶黨的夾板間的拿破侖，不願意與教皇爭論，所以這就實際上破壞了意大利的統一。他方面，他希望兩處新領土的獲得可以滿足法蘭西的愛國者。

所以就引起新的極重大的政治問題，煩擾了全歐洲，尤其是各國的革命者。革命者與社會主義者對此應取如何的度態呢？他們是不是應與步步前往差不多像一個革命者，與乎主張意大利自決權的自由主義原則的拿破侖一致，或者，他們是要

（133）

與專制政治的代表,與乎意大利及匈牙利之迫害者的奧地利一致?這是極重大的問題。對這個問題的不同的答覆,引出革命者不同的策略,馬克思與恩格斯在一方面,納薩爾又在一方面。

一直到現在,我們都沒有機會敘及納薩爾,雖然他是馬克思高足弟子之一,而且參加一八四八年事件。我們將不為他的傳記費筆墨,因為這將使我們的主題陷於徘徊。五十年代中,短刑期之後,納薩爾繼續住在德國研究他的科學,同時他與馬克思及恩格斯保持舊來的關係。一八五九年,他們間因為意大利問題而然衝突。這是極有趣味的論爭,而意見衝突之結果,兩方在同黨內結成兩派。爭論諸點,要略地敘如下文:

拿破侖第三及其親信,都是喚起輿論的妙手。恰在克奈明戰爭中,市場充溢無數的小册子,裏面對拿破侖自由主義與意大利事件的正義作極雄辯的擁護。很多自願的與很多雇用的新聞記者都參加這次文字戰。大部分志願兵都在匈牙利與波蘭的移民中募集起來。幾年以前,恰如他們把克

(134)

奈明戰爭，看成反對亞細亞專制政治的進步文明的戰爭，而且爲援助巴摩耳斯登及拿破侖起見，組織起，武裝起義勇軍，這樣，匈牙利與波蘭的移民，有很少的例外，都以爲現在拿破侖是爲進步，爲民族的自決而戰，所以都主張進步的國民去援助他，是屬於不可逃避的義務。移民中有許多蔑視拿破侖的金錢而相率投入意法聯軍。

就是奧地利也沒有昏睡不醒。政府以財政收買著作家，使他們說明這次戰爭中，奧地利是爲擁護德意志全體的利益而戰，假如拿破侖占領奧地利，則他必定要占領萊茵流域，于是奧地利的問題實在是關於德意志而不大是意大利，所以奧地利占有北意大利領土的目的，是在爲德意志之防衛。

當時歐洲新聞的意見，總匯流於此兩主流中。在德意志自身，這問題由"大德意志"派與"小德意志"派的論爭增加一層糾紛。這是很自然的，大德意志派的人想包含奧地利形成全德意志的統一，況左袒後者，而小德意志派的人，他們傾向普魯

(135)

士，所以就主張可以不管奧地利而任牠的命運，這自然是種種的陰影，但并不能主要的改變了繪畫的全體。

馬克思與恩格斯在一方面，納薩爾又在一方面，他們的態度如何呢？他們完全固守着"共產黨宣言"的原則。一八四八年革命中，他們宣稱他們贊成包含奧地利的德意志地域的德意志聯邦共和國。這樣似乎他們就不會有發生甚麼不同意見的餘地。實際上，這種衝突的深固，不亞於一九一四年大戰初起時，同奉馬克思主義的社會民主主義者間的意見的衝突。

馬克思與恩格斯在他們的論文上，小冊子上，舉出理由說，因為要防衛萊茵區域，所以德意志沒有需要北意大利的必要，這就可以讓奧大利放棄意大利領土與統一的意大利；幫助奧地利的企圖就令與德意志有利益，那都證實與奧地利專制政治妥協的意味。

馬克思與恩格斯的首尾一致的。他們不寬容的攻擊拿破侖，也同樣的攻擊奧地利的與普魯士

（136）

的反動。他們覺得拿破崙的完全勝利是與奧地利的完全勝利有同樣多的災厄。恩格斯以爲拿破崙可以攻擊奧地利，就可以攻擊德意志。所以他進一步主張意大利的統一與德意志的統一，可以由國內自己的勢力來完成。照他的意見，革命者不能一致的援助任何一面。他們所應考量的唯一事件是無產階級革命的利益。我們必定不要看過出現於舞臺後面的別一要素。恩格斯確切的指出拿破崙必定不敢向奧地利宣戰，倘若他沒有得到俄羅斯的默許，倘若牠不能斷定牠不援助奧地利。他想這是極可能的，其間法國與俄國成立了某種的諒解。克奈明戰爭中，奧地利把'卑劣'來酬報，同樣的俄羅斯是如何的"犧牲的"，如何的"非利己的"，來幫助牠鎭壓匈牙利的革命。俄羅斯現在明白的沒有遠慮到假手於拿破崙以懲罰奧地利。倘若法俄間實際上成立有協定，則俄國一定幫助法國，那嗎急促的援助奧地利，就是德國的義務。但必然是革命的德國方能如此。現在的情形，類似於一八四八年革命當時，馬克思與恩格斯所望的情形。這必然要

(137)

有一個革命對反動的戰爭。資產階級政黨不能惹動對他們的下層階級；他們必定對急進黨讓步，這樣就別造出極左派的革命的政黨，無產政黨的勝利的機會。

以上是馬克思與恩格斯的見解。納薩爾對這問題的解釋卻是兩樣的。這種意見分歧的程度，可以由人民直接表示出來的分歧的客觀情狀來說明。納薩爾住在普魯士而且囿於普魯士本地的情形。馬克思與恩格斯住在英格蘭，在世界的瞭望塔上；他們以世界革命的眼光來考量歐洲的事件，并不是僅以德國革命的眼光，或僅以普魯士革命的眼光，來考量牠們。

納薩爾出發於下列的論點：在他，德國最危險的敵人是國內的敵人，奧地利。牠是一個比自由主義的法蘭西，或者比已經沿着自由主義的改良的俄羅斯還為危險的敵人。奧地利是極難堪的壓迫德意志的冷酷的反動之主體。拿破侖，雖然是篡竊者，但是不少為自由主義，進步，文明之表示。這是納薩爾覺得在這次戰爭中，德國的民主主義應該放任奧地利給牠的運命,而奧地利的失敗更是極所企望的結果的理由。

當我們讀納薩爾關於這問題的著作時,所有撤散給拿破侖的與俄羅斯的贊詞及展開在討論的官場的普魯士中的極端勸告,我們不得不留心不要為其煽惑。我們要常常記着,納薩爾想以一普魯士的民主主義者說話,把普魯士統治階級,永刻黨,說服,使之不幫助奧地利。但是,穿上普魯士民主主義者的衣服,實際上就解明納薩爾的意見,完全不同於馬克思及恩格斯的意見。後來這分歧的形相愈見重大。為保持即刻明白的成功的慾望所轉折,決心要成為"實際的政治家"而非理論者,他讓他自己求助於使他在統治政黨之下,與乎引誘他去諂媚他所說服的離開奧地利孤立無援的人們之辯論與證據。對奧地利的罵詈讒謗,對俄羅斯的文雅寬容,對普魯士官吏的獻媚,這完全是處著作家的熱狂,而不是在黨的名義下之政論家的著作。同樣的策略,雖然這時牠們續後的由納薩爾運行入直接實際的鬥爭中,但是成為滿載的危險。

(139)

法奧戰爭在出於兩方豫期之外的結果告終。最初單獨為意大利反對的奧地利是無疑的戰勝了。後來牠為法，意的聯合軍所戰敗。但是一到這戰爭帶着一般的性質，而且或威意大利實際的革命之統一與教皇領邑的廢止時，拿破侖就接受俄羅斯的調停，急促的遁出戰渦。撒丁尼亞是滿足了郎巴底的心意。維尼斯還在奧地利的手中。以法國的血，法國的錢報償他自己，拿破侖橫奪撒丁尼亞王的家鄉撒佛伊州全部，這證實給有名的意大利革命者與統一意大利的戰士加里波的看，一個人必定不要為帶玉冠的惡漢的允許所誤，他吞併了加里波的的故鄉，奈斯，及其旁界。這樣，"自由主義"的拿破侖，在自由主義的愚人與欺騙的革命者的吼聲喝彩裏，防衞意大利的"民族自決權"與其他被壓迫的國家。一樣的，納薩爾發現不只拿破侖不比奧地利好，而且有了馬基雅弗利奸詐的時候，他還會不利於奧地利。只有撒丁尼亞的領土擴張。但是現在是一些不希望的事情發生了。因為拿破侖政策的結果的幻滅與憤怒，猛烈的革命運動勃發於意大利。為首的人就是高貴的革命者，拙劣的政治家加里波的。一八六一年。除維尼斯意大利外成為聯合王國。更進一步的意大利的統一事業落到資產階級的商人，加里波的式的變節者，與冒險者的手中。

馬克思不得不對於法奧戰爭作另一爭論。我們已經知道德意志民主主義在拿破侖與奧地利的衝突中，已經站有一定的立場。德國民主主義者間最出名的，最有勢力的是老革命家佛嘉特，一八四九年他被迫而亡命於瑞士。他不只在政治上活動；他亦是歐洲有聲譽的大學者。他是著名的自然史唯物論的首要代表之一，這學說尤其是為資產階級的學者，把牠與馬克思及恩格斯的歷史唯物論相混淆。他的勢力很廣大，不僅在德國民主主義者之間，而且在國際的僑民，尤其在波蘭人，意大利人，匈牙利人之間。在日內瓦的他的家庭，像一個政治中心。要把著名的學者與德國民主主義者的領袖引附到他的方面，這對於拿破侖是很重要的事情。因為德國老教授的極強的虛榮，這是很容易

(141)

成功的。佛嘉特同拿破侖的兄第,蒲朗蒲朗公爵有友誼的關係,他是為自由主義者與擁護科學者活動分子之一,佛嘉特在他的手裏支過錢來分散給與各個殖民團體的代表人。

當我們的教授決然出面來為拿破侖與意大利的時候,殖民的革命分子中自然生出一種激動的驚怪的印像。情形總歸是這樣的。僑民的大部分是親近馬克思與恩格斯,只有少數與共和國的僑民發生關係。其中有一人名布賴德者,在幾個共產主義者面前,宣稱佛嘉特收用過拿破侖的錢。這倫敦的某種新聞上發表出來。阿士堡新聞的通信員李布克奈西,就據這個風聞作為報告,佛嘉特以損毀名譽為詞提起訴訟,因為沒有文件的證據,可以作證,所以他就勝訴了。

歡樂勝過了他的勝利,佛嘉特特別發表一本關於本案的小冊子。完全可以確定的,李布克奈西並沒有取進一步的行動。亦沒有在馬克思的指導下,也沒有去寫一行一字,但佛嘉特特意的向馬克思大加攻擊。所以這位先生,根據他的主張認為是

(142)

第六章

正確的材料，非難馬克思是何等躊躇的篡奪者與偽造者的一羣黨徒的首領。"真率的"民主主義者的想像所能用的魔術之各方式，無非是對共產主義者之惡口讕言。一個嗜名位，貪樂逸的佛嘉特先生，他也來誣謗馬克思，說他是以工人的經費來過奢華生活的人。

佛嘉特的小册子，致謝他作者的聲名與他所攻擊者的聲名，（馬克思此時正發表"政治經濟批評）創造出激昂的空氣，而且如所預期的，得到資產階級報紙的大加誇獎。資產階級的新聞，一切曾經認識馬克思的背叛的資產級的著述家，都歡喜得到這樣的機會，來對他們的舊敵人的頭上潑以污水。

私人方面，馬克思的意見是以為只要報紙高興，牠自有批評任何人的權利。他主張讚賞甚麼人，或者非難甚麼人，這是著作者的特權。你接收到的是石塊還是腐壞了的蘋果？這有甚麼要緊。平常的惡態，并且牠挑撥不止，他是全然不顧的。只有在主義的利益要求牠的時候，他方肯答辯。這時他就

（143）

莫有甚麽寬容了。

當其佛嘉特的小册子出現時，成問題的是究竟答辯還是置之不理。納薩爾及其周圍的其他德國朋友，主張這個小册子應當不去理牠。他們看見這如何驚人的印像，因爲這個案件的佛嘉特的勝利，完全是由於他得到左袒。他們覺得偉大的民主主義者爲李布克奈西的忽略所中傷，而且爲保障他的名譽使他一無所損，就是再有一次訴訟，他也再有一次勝利，因爲找不出不利於他的證據。似乎應該取的手段是不要理他，而待輿論來加以鎮靖。

這樣俗蠢的言論，當然的不足以動搖馬克思，對於個人的攻擊，可以蔑視答覆的必要，但是黨的名譽是要防衞的。雖然馬克思同他的親近的友人確信佛嘉特實際上是被收買了，但是他們也在惶惑中，因爲布賚德同其他僑民否認會經說過的話，這陷李布克奈西於讒謗者地位。

結果，決定予以答覆。想法告佛嘉特到法庭上去，指明普魯士審判廳的偏袒。此外唯一的方法就是文章的攻擊。馬克思自己担負執行這困難的工

(144)

作。我們現在又達到一點,我們堅決的不同意於已故的墨林的意見。他以為假如馬克思拒絕參加李布克奈西與佛嘉特的爭論,則馬克思自然省去大部分的無盡的煩惱與氣力,而且寶貴時間的虛耗,在他的生命的巨大工程中,并沒有甚麼貢獻。但是這樣的說法,與馬克思的行動,全然是不能調和的。

墨林完全看過這已經在僑民間樹起的根本敵對。他沒有看清一個私人衝突的所以出現的背後,這裏生長着無產政黨與有產政黨間藏匿的很深的策略上的矛盾,就是無產政黨自身中,例如納薩爾所表明者,也埋藏着動搖的危險。就是墨林也沒有注意指出反佛嘉特的書中,包含有對納薩爾及其密友的辯論全部的批評。

讓我們轉眼到'佛嘉特先生"這書自身。從文學的觀點來說,這是馬克思辯論文中的最好的著作。我們還要加一句,所有的文學中沒有再可與此書相比的了。這是巴司克攻擊吉修派有名的小册子。這是十八世紀中蘭莘直接攻擊他的文學反對者的小册子。但是這些小册子同其他有名的小册子所追取的,僅是文學的目的。

在"佛嘉特先生"中,馬克思的目的不只是在這學識與政治才能為資產階級的社會所尊敬的一個人之政治的與道德的絕滅。真的,這樣的事情馬克思也會很漂亮的完成的。馬克思所有的是佛嘉特印就的著作。證人是翻悔了他們的陳述。所以馬克思取得佛嘉特的全部政治著作,證明他是拿破崙派,并且以文字的反覆開陳證明他為拿破崙所收買的代理人的著作中的辯論。馬克思在結論上確信佛嘉特或者是自滿的鸚鵡,只白痴的重述拿破崙派的議論,或者是可能的如其他的拿破崙派的著作家一樣,是收買來的代理人,我們可以實在相信不久歷史就會曝白出來,佛嘉特有收款的囘單。

但是馬克思沒有注意到政治的懲罰。他的小册子不僅是以強怒的語言連結起來的謾罵。馬克思還對佛嘉特施以他是過去的名手的別一武器,諷刺,譏嘲,揶揄。在每章中,佛嘉特的喜劇的姿態,都刻畫成浮雕。我們看見這大學者,大政治家

(146)

怎麼樣去偏向着別人的金錢以取得快樂的時期，變成傲慢的，饒舌的"弗事大夫"。

但是在佛嘉特後面，朦朧隱藏着的是德國資產階級民主主義的有力部分。所以馬克思又把德國國民之"花"的政治貪婪，曝露出來。除接近共產主義者陣營的人外，都加以攻擊，使之在"有學問者"之前，不能解除其卑鄙。

佛嘉特卑劣的計劃想把革命的僑民的最貧困的與最急進的一派加以污蔑，使馬克思有一個機會去描畫"道德的"與"本來的"資產階級政黨的政府黨與反對黨，同時形容出資產階級社會的無節操的新聞紙，牠只成為賣交取利的資本家的企業，與賣肥料取利潤的企業無異。

就是在馬克思生時，一八四九年到一八五九年間這十年於的研究者，都承認沒有別的著作，如馬克思所作的那樣能夠洞察這時代的政黨。今天的讀者，無疑的需要許多的註釋來了解那些書，但是任何人都容易明白馬克思這本小冊子在那時代的政治意義。

(147)

纳萨尔自己不能不承認這是馬克思的傑作，所有的危懼都歸於消失，而佛嘉特政治領袖的聲譽從此低落了。

在五十年代末與六十年代初，那時小資產階級與勞動階級中，發生一種新運動，那時影響都市貧民的鬥爭，更加激越，不只無產階級民主主義的代表，智識上不亞於資產階級民主主義的出衆人物，而且他們是無限的優越的，這就是更重要的成就。以佛嘉特的人物而論，資產階級民主主義者接受了對他們所承認的領袖之一的聲名的致命打擊。這樣一來，納薩爾不勝感謝馬克思，因爲這使他更容易的，在德國工人中與進步派的勢力相對抗。

我們現在來檢查這個最有興趣的問題，卽是馬克思與恩格斯對納薩爾的革命煽動的態度。我們已經說過納薩爾在一八六二年已開始他的煽動，那時普魯士資產階級民主主義的陣營中正有對政府鬥爭的方法之猛烈的意見衝突。一八四八年革命中最出色的老普魯士王，於一八五八年得

（148）

到全無希望的氣狂症。"葡萄彈太子"威廉,由於一八四九年到一八五〇年他虐殺民主主義者,得到這個徽號,先被任為攝政,後為普王。最初,他覺得有採行自由主義的政策的必要,不久,他發現在陸軍組織問題上,他與議院是處不調和的地位。政府主張擴張軍備,加重稅率,自由主義的資產階級就要求確實保障與統制權。基於預算案的衝突,引起策略的問題。納薩爾個人依然與民主的進步的資產階級集團密切相關,他主張更決定的策略。因為每部憲法僅不過是一定社會勢力的事實的相互關係的表示,必需發動新興社會勢力的運動,反抗以果斷賢明的反動畢士馬克為首的政府。

但甚麼是新興的社會勢力呢?納薩爾在他對工人宣讀的特別報告上指出來。"現代歷史的時期與勞動階級的觀念間存在的關係"演成一種提示,最好就名為"勞動者綱領"。在內容上,牠是"共產黨宣言"的根本思想的解說,相當的淡弱了一點而且順應着當時的法律狀況。自一八四八年革命以來,這依然是最初的公開宣言,說明勞動階級組織

(149)

獨立政黨，有與其他政黨，就是最民主的資產階級黨，截然分離出來的必要。

納薩爾就開始參加運動，在薩克森勒的勞動者中獨立的成立起來，迅速的發展起來，那裏，一八四八年的無產階級運動中的"舊衞兵"的少數代表與民主主義者，已經發生鬥爭。勞動者中已經在討論召集工人大會的意思。已經專為此事，在萊比錫成立一特別委員會。由這委員會召集大會，宣布牠對勞動運動的目標與問題，納薩爾把他的綱領加以擴張，成為一封"公開信，"在萊比錫委員會上講演出來。

納薩爾於嚴刻的批評資產階級進步派的綱領與其他勞動者狀況的改良政策之後，更指出勞動階級的黨的獨立組織之非常必需性。主要的政治要求是獲得普通選舉權，還要把所有的力量都集中來實現這件事，關於經濟的綱領，納薩爾根據他所謂"工銀鐵則，"證明沒有方法把工錢曾漲到一定的最低限度之上。所以他提議藉助於政府所承認的信用借貸來組織生產合作社。

（150）

很明白的馬克思不曾接收這樣的計劃。納薩爾想把馬克思拉在他的一方的努力，證明是歸於無效。這還有別的理由。幾個月後就分明，納薩爾由於熱中"實際政策"與同進步派的鬥爭，使他始完全屈服於政府。

無論如何，這卻是超出疑團之外的，馬克思自身就承認這囘事，就是一八四九年到一八六二年的冗長的反動時期之後，德國領域內首先樹起無產階級旗幟的人，是納薩爾，最初組織德國勞動階級政黨的人，是納薩爾。這就是納薩爾不能磨滅的工作。

但是在納薩爾的強烈的，雖然是短命的，以後還不到兩年，組織的與政治的活動中，有根本的缺陷。這甚或比他的不完全的綱領，還要有缺陷，使馬克思與恩格斯對之不快。

很明顯的，不惟納薩爾不贊成把他組織的"全德工會"與舊共產主義運動聯合起來，他反而強烈的否定一切的聯合。他從"共產黨宣言"與馬克思的別的著作上，偸得許多根本思想，他卻極力避免

（151）

來引用這些書。只有他最後著作之一上，引了馬克思的話，但他引用的理由，不是以他爲共產主義者，革命者，而是以他爲經濟學者。

納薩爾以策略的考量來說明這一點。他不願意駭退有不充分意識的羣衆，他們不得不從宣傳共產主義爲凶惡的神話之進步派的精神禁梏中，解放出來。

納薩爾是好勝的；他愛各種的炫耀，誇示，廣告。這由於無敎育羣衆的強持，引起有敎育的勞動者之反感。說他是德國勞動運動的開創者，他就很高興。這不惟是使馬克思與恩格斯，就是舊革命運動的老兵，也對之不滿。只有前威特林派與反馬克思派同納薩爾結合。這是很有意義的。不到一年，德國工人，發覺他們的運動，不是納薩爾一人單獨創始的。馬克思及其友人，對解放舊革命運動與下層運動的束縛的願望，提出抗議。對調和自己與非法團體的關係的厭惡，也可以由納薩爾的弱點的"實際政策"來說明。

別一爭論點就是普通選舉問題。這種要要求

由大憲運動者提起。馬克思與恩格斯也這樣主張，但是他們不能承認納薩爾所附加的誇張的意義與其提出的爭辯。在他，那簡直是萬應散，這種效驗可獨立於政治的及經濟的變革，使工人立刻握得政權。他素扑的相信只要工人得到選舉權，他們就可以占全國會的百分之九十的議席。他沒有了解許多重要的先決條件，是在使普通選舉為階級教育的手段，而非欺瞞羣衆的手段。

關於"生產合作"的問題的爭論，其程度也不下於前者。因為馬克思與恩格斯認為這是有限制意義的一種補助手段。可以由牠們證明生產必需的條件旣非企業家，也非資本家。把合作社看為漸次達到集產社會的生產方法的手段，而他忘却完成這樣社會的必需條件是先要奪得政權。只有在"宣言"中指示出的許多必需手段，才可以奏功。

對於工會的作用，馬克思與恩格斯亦與納薩爾的意見，大相衝突。把生產者合作社的意義完全過量的估價，納薩爾就把工會組織，看成絕對沒有用處，從這一點上，他囘轉去聽了馬克思在"哲學

（153）

之貧困"裏盡量批評過舊思想主義者的意見。

從實際方面說,他們在策略領域內的意見的衝突,也不是不深,或者還更為重要。馬克思過量估計了進步派的意義,太希望了資產階級,這些我們莫有非難他的權利,如墨林之所為。我們以前已經讀過馬克思在一八四八年經驗結果描寫的普魯士資產階級的特性的著作。我們已經看見他在與佛嘉特的爭論中是如何嚴厲的批評資產階級民主主義。意見的衝突,不是因為馬克思距離故國太遠而對於普魯士資產階級的進步主義依然保有信仰,倒還是納薩爾與普魯士的現實接近些,而澈底的不惑於他們的幻滅。這就是關於與資產階級發生關係的策略的衝突。恰如在資本主義國家的戰爭中一樣,在進步的資產階級與畢士馬克間的鬥爭中,要使社會主義免去為鬥爭中的任何一黨作爪牙的危險,所以策略的規定是非常必需的。攻擊普魯士的進步派,納薩爾忘了還有危害工人不下於資產階級的普魯士封建制度,普魯士公國。他有正當的理由,攻擊痛恨進步派,但是他守着他必

(154)

需的範圍內，他妥協了他的主義而阿諛於政府之前。納薩爾甚至於不躊躇的完全依賴於不可許的妥協。譬如有幾個工人被捕了，他提議向畢士馬克提出請願書，無疑的他就會釋放他們如像懲戒自由主義者一樣。工人拒絕接受納薩爾的勸告。研究他的演說，特別是在一八六四年前半年所講的，可以發現他很多這樣的錯誤。我們不必再去敍述沒有組織智識的他同畢士馬克所商議的事情，這表白了他的名譽與其所承受的毒害的主義。

　　這些衝突，使馬克思與恩格斯不能以他們的名義去幫助納薩爾的煽動。但是，我們加重語氣的說，雖然他們拒絕幫助納薩爾，可是從沒有公開的反對納薩爾。這種影響深入於德國勞動者中，李布克奈西就有同樣的精神。同時納薩爾非常讚美他們的中立而自己險峻的錯誤到不可收拾。李布克奈西與由柏林，由萊茵省來的其他同志，都要求馬克思出來公開的反對納薩爾的錯誤策略。假如不是一八六四年八月三十日納薩爾的被殺，這必然成爲公開的破裂。他死後四星期，一八六四年九月

(155)

廿八日，第一國際成立。馬克思得到重新致力於直接革命的機會，不過這時是以國際為範圍了。

第 七 章

一八五七年到一八五八年之恐慌

英法德勞動運動之發達

一八六二年倫敦之國際展覽會

美國之內戰

棉業之恐慌

波蘭革命

第一國際之創立

馬克思之任務

創立宣言

我們已在前章指明一八四八年到一八四九年的失敗之後，差不多過了十年，勞動運動才開始恢復。我們顯示這恢復的開端，與一八五七年到一八五八年之國際的廣的而且影響俄羅斯以很深酷的形式之恐慌，大有關係。我們又預示這時外面看來是和平的歐洲統治階級，是如何的不能不重新担負起一八四八年革命所提起而絕未解決的一切問題的解決。最立待解決的重要問題是民族主義的問題，卽意大利的統一與德意志聯邦的建設。我們已經概略的說過這件事，嚴密的說來，這革命運動，只限於西歐，而僅强烈的影響英格蘭之一部，，牠沒有達於歐洲全部如俄羅斯以及遼遠及美利堅合衆國。這時在俄羅斯目前暴發的問題是廢止農奴。這就是所謂"大改良"時代，當這運動的開始，一直到六十年代初期，形成祕密革命結社的前驅的所謂"土地與自由"協會。在大西洋的彼岸，美國黑奴解放的問題是需要卽時解決。這問題，比之俄國的同一問題，其意義尤爲重要，顯出在語詞上限於歐洲一部分的這世界，是如何的變成實在的國際的了。一個本來是遙遠的美國的黑奴解放問題，反成爲歐洲自身頂重要的問題。眞實地，這成爲重要的，是馬克思在"資本論"第一卷弁言上，就說明這黑奴解放的戰爭，搖響了西歐新勞動運動的警鐘。

我們要先說最重要的英國的勞動運動。老革

（158）

命的大憲運動到一八六三年已經烟銷雲散。大憲運動是死滅了。眞的,有些史學家主張經過一八四八年失敗的示威運動的著名經驗後就死滅了。但是事實上大憲運動在克奈明戰爭中的五十年代時,有過一度迴光時期。流麗的演說家,優良的新聞記者的覺勒氏,就由馬克思與馬克思的同志之援助,在那時的社會主義機關報中,本其領導,大憲運動還能在克奈明戰爭中利用工人羣衆的不滿意。有幾月的時期,大憲黨人的中央機關報"人民新聞",成爲最有勢力的報紙之一。馬克思堂皇的攻擊克蘭斯頓尤其是攻擊巴爾摩發的論文,惹動普遍的注意。但這只是暫時的恢復。不久戰爭終結,大憲黨人失掉他們的機關報。這原因并不是覺勒氏與其反對者間燃上黨派的傾軋;還有更根本的原因。

第一原因,遙溯到一八四八年開始的英國產業,現在是驚人的繁盛起來。在這時期內發生的少少的痛苦,即各個產業部門的痛苦,莫有一點妨害到整個產業之一般的興盛。四十年代末的無數失業者，完全容納在這大產業的洪流中。這很可以說，幾十年來，不是，幾世紀以來，英國產業從未有需要過如此多的工人，如十九世紀上半期之後者。第二原因，是英國移民到一八五一年至一八五五年所發現之無盡藏的金礦的美國，澳洲的狂潮。幾年中，英國外僑的工人到兩百萬。照這樣經常的情形，外僑人民并不是以幼年老年去充數；而是最健康的，最強旺的，最壯盛的分子離開了英國。勞動階級的運動與大憲黨人的運動，他們的能力的源泉就至於枯渴。這是兩個主要原因；別外還有許多次要原因。

與大憲運動同時衰弱的，有結扣種種運動部門的紐帶之一般的弛緩。甚至在四十年代時工會與大憲運動還繼續着爭鬥。現在勞動階級運動之他種部門，也發達到分裂的傾向，都要想離叛統系的主體。譬如合作就已發展到基於英國勞動運動之一定的歷史條件。英國勞動運動的特殊性，就在五十年代時，已成有相當的輪廓。我們在牠歷史內屢屢遭遇着各種特殊組織之突然的發生，而且更突然的更急速的沒落。這種組織擁有幾十萬的會員。譬如有一組織,其目的僅在於禁酒。大憲黨人的組織常常追逐這最少抵抗的路線。最初,牠想在牠黨的範圍內的團體,鼓動反對酒精的鬥爭。開始就當他成一特殊目的;在全英國組織特別的會社,於勞動運動的主幹之外,轉出許多的軍勢。除去禁酒運動之外。有一種為所謂基督教社會主義者所領導的合作運動。著名的革命牧師斯蒂芬是四十年代中最為人仰望的演說家之一,但是他後來有些右傾。有許多同傾向的分子與斯蒂芬相結合,他們是向勞動者宣傳實踐基督教教義的苦行家與慈善家。這說明大憲運動之政治要素的衰落,而努力於合作社的組織。自從這運動沒有攻擊統治階級,就甚至為政府黨人亦加以援助。寄同情於勞動階級的智識分子, 對這種運動,當然加以攻擊,牠追逐了牠的特殊目標, 勞動階級的別一部門就分裂出來了。

我們不再一一列舉此種運動的各種形態與派別。我們且來考量工會。真的,在五十年代初,工會

(161)

運動并沒有得到順利發展的條件，如合作運動，禁酒運動之所得者。牠遇的阻礙，減於舊大憲運動所遇的阻礙。一八五一年英國機械工會最先鞏固的組織起來。兩個有能力的工人領導這個工會，他們的成功在克服了英國式的同業精神，那是工會照例是限於一州兩州的範圍之內，至大也只能在一省兩省之內。我們自然不要看過英國產業的特殊性。要把紡織工會改爲全國的組織，這是很困難的，簡單的理由就是大部分紡織業是集中於非常狹小的地域。差不多英國所有的紡織工人完全擁塞在兩省。這兩省的聯合工會，就相當於全國的工會。英國工會主要的困難還不在於地方的限制，更困難的還是同業傳統。同一產業部門內的每個分立的職務，是不改變的偏向於組織獨立工會這是工會主義雖然是強力的出發，而不能創造一組織形態，堪以負荷與大規模產業僱主鬥爭的指導任務的理由。其時產業興盛，絕對大多數的勞動者很容易獲得增高的工資。此外，自從莫有足夠的工人可以塡滿這擴張的新產業的需要，僱主爲要

（162）

吸引勞動者，他們自身就競爭起來，所以大半可以接受工人的要求。英國資本家，在這些年代中，都想從引大陸，如德，法，比，去引誘工人到英國來。

在這種情形之下，工會運動雖然發生了，可是不得不停留在較低的發展階段上。在同一產業部門內之各種小部門組織的分立的工會，依然不相聯屬，不只以全國範圍而論是如此，就是在大鎭市也是如此。這也就沒有地方委員會。

一八五七年到一八五八年的恐慌，在這種氛圍氣中引入一巨大的變遷。我們已經看見，組織最完備的工會是機械業熟練工人工會。與紡織業相同，機械工業不是爲國內市場而生產的少數產業之一，五十年代初，紡織業與機械業成爲特利的產業部門，因爲牠們在世界市場中確保有獨立權。這類產業的熟練工人，很容易得到刈取莫大利潤的雇主的讓步。這樣，工人與雇主間的"內部和平"條件，就在這兩產業部門內開始確立起來。非常尖銳的恐慌的影響就急速的消滅了。劃在熟練工人與不熟練工人間的洪溝，日益擴大。這樣使這產業的

(163)

罷工運動，歸於衰落。

依然，并不是所有的工人都這樣的和平。這種恐慌，主要的反映於建築業，與從事於建築的勞動者身上。建築業工人自然就站在英國工人鬥爭的先頭。

資本主義的發展引起都市人口的空前的澎漲，結果對於住地有更大的要求。這使建築業呈露好况。四十年代時，英國在鐵路熱的病狂中，五十年代初，就是建築熱了。許多房屋建造起來。牠們在字義上與其他的商品一樣，投入市場。建築業在技術上雖然還未發達，可是已經落在大資本家的手裏。英國的建築業家租得廣大地皮，建築起千百家的房屋來出租或者出賣。

建築業的發達把許多鄉村勞動者，如細木工人，木工，油漆工人，石工，紙裱工，總之所有從事家屋的建築，裝飾，造作的工人，都吸引來了。隨着建築的發達，家具，壁紙，美術品工業也呈好况。人口增加，也刺激到大規模的鞋業，衣服業的發達。

(164)

這樣，一八五七年到一八五八年的恐慌，在資本主義生產的新部門中，有特強的反響。很多的工人沒有工作，形成威脅商店工場之工人的失業預備軍。雇主方面不躊躇的利用這武器來壓迫工人，減少工資，延長工作時間。但是一八五九年，工人答覆牠一個總同盟罷工，給雇主以巨大的震駭。這為倫敦知名的最大罷工之一。更使雇主震駭的，是建築業的罷工，得到全部產業部門的工人團體的援助。這個罷工，惹動歐洲的注意，不下於當時的重要政治事件。與他相關聯的各種集會，都一齊舉行。在許多演說家中，我們常常提到克奈門的名字。在海德公園的一個集會上，克奈門斷言建築業的罷工，僅是工人經濟與資本家經濟的第一次小鬥爭。別的工人如阿得格，也盡力許多的宣傳工作。小册子在煽動中也大有效用。工人與資工家的著名對話，可以在"資本論"第一卷中見着，這是本書裏最精彩的一頁，也就是一八五八年到一八六〇年罷工工人印行的宣傳小册頁之一，一字一字的重述下來的。

(165)

罷工不久，結果歸於妥協，這第一次在倫敦有勞動會議，主要的領導者是阿得格，克奈門與何威爾；他們又是在第一國際第一次幹部會議上我們可以會見的三人。一八六一年，倫敦勞動會議已成為最有力量的勞動團體之一。同時與最初的蘇維埃一樣，就帶着政治的性質。牠努力反應那凡可影響及勞動階級的事件。把這個會議作為典型，在英格蘭與蘇格蘭各地，設立同樣的勞動會議。這樣，在一八六二年，勞動者的階階組織，重新出現。各個勞動會議顯然為當日政治的與經濟的中心。

我們囘轉眼來看法國，恐慌的劇烈并未低下。牠不僅反映在紡織業上，牠還反映到所有使巴黎有名於時的產業上。我們已經述及這事實，一八五九年拿破侖所負的戰爭的目的，是在打消勞動階級發生的憤懣。到六十年代初期，這恐慌特別的影響到巴黎著名工業的特殊的美術工業。但是巴黎又是重要的城市中心，牠已經忍受強固的發達。大改良之一，是拿破侖買澈的改修了巴黎的幾處住宅區。狹隘的街道擴大成寬廣的大路，防塞的修築

（166）

再不可能。建築的勃興,引起如在倫敦所得的同樣結果,從事於建築業的工人數目,劇大的增加。實在的,一方面有由不熟練工到熟練工分散於建築業與其各種小的分業的工人,他方面有從事於以美術工業爲代表的奢侈品工業的工人,這供給了六十年代初年展開的新羣衆勞動運動的伍卒。我們只需詳細的檢考第一國際的歷史,立刻就明瞭他的會員與其領袖的大部分,都來自建築業與美術工業的熟練工人中間。

隨着勞動運動的復活,老社會主義者的團體亦紛紛覺醒。在第一着,我們必需注意蒲魯東主義者。蒲魯東還生存在。他曾一度入獄;過後就移住比利時,他在那裏直接的與乎經過他的追隨者,對於勞動運動有相當的影響。但是他這時說教的思想,与某時間與馬克思爭論的思想,有幾分異趣。

現在他順應着合法的勞動運動,而成一致的和平論。蒲魯東主義者的目的,在求勞動者境遇的一般改善,而所採用的手段,只能適合於熟練勞動

(167)

者的條件。他們主要的目的是要減低信用利率,或者可能時,建立無担保的信用制度。他們推獎以互助爲目的而組織的信用社;這可名爲互助主義者。互助社,不要一切龍工,勞動者結社得到合法的地位,無担保信用貸款,不參加一切政治鬥爭,只以經濟鬥爭的武器來求自身境遇的改善,(有需申明者,就是這武器不能認爲是攻擊資本主義社會基礎的武器,)簡略言之,這就是當時互助主義者的綱領,在許多事情上,比他們的老師還要穩健。

與這組織幷立的,我們知道有些更保守的團體,他們想用賄賂來收買勞動者。曾經與波蘭政治僑民發生密接關係的新聞記者,勒菲,就是領袖。他與我們所知道的佛嘉特的保護者蒲郎蒲郎公爵,也有親近的關係。

第三個,人數最少,但是爲革命者所組織的,是布浪葵派的一組,他們活動於勞動者間,智識階級間,青年學生間,其中有後來爲馬克思的女壻的拉弗爾與朗格特兩人。

這還有現在著名的克里蒙梭。所有這些青年

(168)

與工人都蒙受布浪葵的強烈影響。布浪葵雖然在獄中，與外界的交通還是非常活動；常常有靑年代表去會他。布浪葵主義者對拿破侖帝國是極不相容的仇敵，而且熱烈的感動下層的革命者。

這就是一八六二年英法工人階級勞動的狀況，相續的事件是英法的勞動者的關係更爲密切的接近。外觀上。倫敦國際展覽會的開設，作成這種接近的機會。這國際展覽會，是資本主義生產的新階段，卽連結各國成爲世界經濟的活潑部分之巨大工業的結果。在二月革命後，舉行第一次展覽。這是一八五一年舉行於倫敦；第二次於一八五五年舉行於巴黎；第三次再舉行於倫敦。

關係於展覽會，在巴黎工人間開始一個嚴重的煽動。以勒菲爲首的團體，轉向倫敦展覽會法國部組織委員會主席蒲郞蒲郞公爵運動。他親切的答應補助派遣到展覽會的工人代表的費用。

這就在巴黎工人間引起激烈的爭論。布浪葵主義者自然主張拒絕政府的好意。占大多數的互助主義者的別的團體，持相異的意見。照他們的意

(169.)

見，是必需利用一切合法的可能性。補助金定要交與工人的代表。他們要求代表不應當由團體指定，而要由工廠裏選舉出來。他們提議利用這選舉作宣傳的目的，與擁護他們自己的候補者。

結果第二個團體佔了勝利。選舉被認可了，代表差不多就是由這團體的會員裏選出來。布浪葵主義者對這個選舉一致杯葛。勒菲一派的人完全陷於窮境。這就是巴黎工人代表的組織。這是有意義的，到倫敦的德國代表，同納益爾活動來組織勞動會議的工人團體，發生關係。

照這樣情形，倫敦的國際展覽會，就創造給法，英，德的工人一個團結機會。有些國際的史學家，大都追遡國際的發端於此會。斯特克諾夫就是這樣寫的：

"使英國工人與大陸工人有接近同提攜的機會的，是一八六二年的倫敦國際展覽會。一八六二年八月五日，英國工人對法國七十位代表舉行歡迎會。在許多演說中，有力的指陳出有在無產階級中建立國際紐帶的必要，他們以人，以市民，以勞

(170)

苦者的資格也有同樣的利益與希望。"

不幸這完全是言過其實。事實上這集會完全生出相異的性質。那是得到資產階級與統治階級的代表的參加與協贊的。在這裏發表的演說沒有傷害一個雇主，沒有激怒一位警察。在建築業罷工中，站在建築家前頭的資本家們，就是很活動的參加在這個集會的人。很可以說英國的工會主義者示威的拒絕參加這個事件。沒有任何理由可以認這個集會為國際的起源。

只有一件事是眞的；法，德的代表在倫敦會見了一八四八年後逃亡的法，德工人。會合各種國藉的工人的地方，是五十年代與六十年代時著名的"工人教育社"，這是一八四〇年莎蒲與其同志所建立的。這社的茶室與飯堂是位置於外人住居的街上；一直到大戰前牠都被認為中心。英國政府在一九一四年宣戰後，立刻匆惶的把這個俱樂部封閉了。

無疑的這使有幾位法國代表與法國的老僑民熟習了，由萊比錫，柏林來的德國人又會見了他們

(171)

的老同志。但這祇**自然的成爲一種機緣**，拜不如斯特克諾夫及其他史學家認八月五號聚會是形成國際組織的那樣重要。

但是現在有兩件很重要的事情發生了，第一就是美國的內戰。我們已經知道黑奴解放是當時很重要的問題。牠成爲非常激烈的問題，而且惹動南北諸省急劇的鬥爭，在南方因爲要保存黑奴制度，決心分離出來建立獨立的共和國。結果是一場戰爭，引起資本主義世界全般的失望與喪心的結果。南方諸省是當時世界紡織業所用的棉花的唯一出產地。埃及的棉花還未站重要的位置；東印度與土耳其士坦還完全沒有出產棉花。歐洲找不出供給棉花的地方來。世界的紡織工業經受一次恐慌。棉花的缺乏，成爲紡織業一切原料漲價的原因。自然，至少大資本家要受害；小資本家就只有慌忙地關閉工場。這下，何止萬千的工人被迫着挨餓。

政府不得不付出一點可憐的有限的津貼。不久以前，英國工人在建築業罷工的時候，已經顯出

（172）

聯合的例子，現在一樣的，開始有組織的擾助。發動者是倫敦勞動會議，牠委任了一個特別委員會。法國亦以同樣目的組織了一個特別地員會。這兩個委員會彼此間常常發生聯繫。這使英，法的工人想到如何的接密的連結起來，是相異國的工人的利益。美國的內戰，給與歐洲全部經濟生活一個恐佈的震動；這個惡影響相等的使英，法工人，甚至於俄國工人，都感受到。因為這樣，馬克思在"資本論"的序文上寫明十九世紀的美國內戰，其對於勞動者的作用，與十八世紀美國獨立戰爭，對於法國的資產階資與法國革命，有同樣的作用。

另自發生一件事情，這對於別國的工人有同樣的利益，就是一八六一年俄國的廢止農奴制度。俄國政治的經濟的生活之其他部門的改革，成為非常迫切。革命運動更顯着活氣；牠主張根本的變革。俄國遼遠的領土，主要的波蘭，是在動亂的狀態中。沙皇政府認為這是取得除去內部及外部擾亂的絕好的口實。政府激成波蘭的叛亂，同時由卡蒂柯夫及其他墮落文人之助，在國內煽起俄羅斯

(173)

的偏狹愛國主義。有名的絞刑吏馬勒菲夫及其同類的禽獸。受命去鎭壓波蘭的革命。

西歐憎惡俄羅斯沙皇的統治，叛亂的波蘭人贏得最熱的同情。英，法政府都給與同情於波蘭叛亂者以完全自由的行動，當牠是民衆所藴蓄之憤懣的順利出路。在法國舉行很多的集會，而且組織一個以托蘭及比露秋爲首的委員會。在英國的親波運動，以工人阿德格及克奈門與急進的智識分子比斯勒教授爲首。

一八六三年四月，在倫敦召集一個盛大的羣衆大會。主席者是比斯勒教授；克奈明宣讀擁護波蘭的講演。這個大會通過一個議案，要求英，法工人一齊強要各自的政府，要牠們作有利於波蘭的干涉。并且決定準備國際集會。一八六三年七月二十二日在倫敦舉行。主席仍是比斯勒。阿德格與克奈門以英國工人的名義講演；托蘭以法國工人的名義演講。不討論別的事，只討論波蘭問題，而且他們一致主張波蘭恢復獨立之必要。次日又另自舉行一個集會，國際的史學家多注意及之的。這是

(174)

倫敦勞動會議發動的，沒有資產階級的參加。阿德格努力於英國工人與大陸工人的聯結。問題湧現於實際的基礎上。英國勞動者注意法國的，比國的，尤其是德國勞動者的嚴重的競爭。六十年代之初，已經集中於大企業之手的麵包製造業，全然是德國工人所經營。建築，傢具，裝飾工業是在法國工人手中。這就是英國工會主義者看重集合於英國的外國勞動者，而要盡可能的機會去影響他們的理由。要達到這個目的，只有把各國籍的工人集合於一個組織。

英國工人決定送達一封適當的公函與法國工人。差不多三月之久，公函草稿才作就交與倫敦工會主義者審查。大部分是阿德格寫的。

這時波蘭的叛亂，為沙皇的臣僕以前代未聞的殘酷，粉碎了去。這公函差不多未提及此事。下面是小部分扼要的話：

"國民的友愛，對於勞動的大義極為需要。我們感到，我們要想以減少工作時間，增加工銀來改善我們的社會條件的時候，我們的雇主以引用賤價的法國人,德國人,比國人來代替我們相威駭;我們很抱歉的說一句話,這件事是做過了,這雖然不是出於大陸的弟兄方面有意的損害我們,但顯然是由於產業階級間的規則的與系統的連絡,是過於缺乏。我們的目的是使低賤的工資可能的達於水平線,這樣得工資的人可以受較好的報酬,而且不讓我們的雇主唆使我們以漁利,這樣把我們曳於最惡劣的條件,而適合於他們的貪婪的交易。"

這件公函由比斯勒教授譯爲法文,於一八六三年十一月送往巴黎。這在工廠內作爲宣傳的材料。法國的回信非常遲緩。當時巴黎正忙於將來的立法院,後來稱爲國會的選舉。勞動者之一團,以我們所知道的托蘭與比露秋爲首,對究竟勞動者自身推舉候補者,還是勞動者擁護急進的候補者問題,有極重大的討論。換言之就是勞動者應當立於自己獨立的政綱呢,還是傍徨的依附資產資級政黨的驥尾,這問題在一八六三年末與一八六四年初猛烈地討論着。結果,決定獨立行動,而且選出托蘭爲候補者。他們決定宣佈與資產階級民主

(176)

主義者分裂的特有政綱,就成爲有名的"六十人宣言",因爲這文件署名的人數是這樣多。

宣言的理論部分,即是對資產階級制度的批評,完全與蒲魯果的見解一致。同時宣言決定廢棄蒲魯東的政治綱領,主張樹立勞動者單獨的政黨,在政治地位上選出勞動者的候補人,以代表勞動者的利益。

蒲魯東極熱望的歡迎"六十人宣言。"受這個宣言的刺戟,他進行著一册書,結果成爲他最好的著作。他把他最後生涯的數月都放在這上面,但是他已來不及看見牠的出版。書名爲"勞動階級政治能力"。這是蒲魯東第一次承認勞動階級有成立獨立的階級組織的權利。他歡迎巴黎工人的新綱領,認爲這是在工人階級中收蓄巨大的政治潛勢力的最善證據。蒲魯東除開沒有在罷工,互助的問題上變更他的立場外,他最後的著作,以他反抗資產階級社會的精神及其明確的無產階級的志向,使人囘憶他的第一部著作"甚麼是財產?"勞動階級認爲這本書是法國勞動者愛讀的書之一。當其我們

(177)

聽見說蒲魯東主義在第一國際時代的影響時，我們不要忘記在"六十人宣言"發表之後蒲魯東主義所結成的形態的影響。

一年後，巴黎工人才作成他們對英國工人公函的回答。選出赴倫敦的特別代表。一八六四年九月二十八日，在有名的聖馬丁堂舉行歡迎法國代表大會。主席者，此斯勒。堂爲之塞。最先阿德格宣讀英國工人的去書，次後托蘭宣讀法國的回文。答覆的扼要的一段：

"產業的進步，分工，自由貿易，這是惹我們注意的三大要素；因爲牠們約定的變革這社會經濟生活的實體。迫於周圍的勢力與時間的要求，資本就在巨大的金融與產業的聯合中集中起來，組織起來。倘若我們不取防衞的手段，這種力量，假如不用甚麼方法去抵制的時候，牠不久就會成爲專制的勢力。我們，世界的工人，必定要團結起來，并且建築起難以攻下的防塞，來防止區分人類爲一方面是飢餓如獸的人民之羣，一方面是肥壯飽食的官僚之屬的二階級。我們來以聯合求我們的救濟"。

法國的勞動者攜來這樣組織的計劃。在倫敦建立起以各國代表組成的**中央委員會**。應當與中央機關取經常的連絡，應當討論中央機關提出的問題的分委員會，設置在歐洲的主要城市。中央委員會摘述這些討論的結果。在比利時召集國際大會來決定組織的最後形態。

但是我們要問馬克思這時在甚麼地方，他担任了甚麼工作？他完全沒有担任甚麼。我們看見所有在一八六四年九月二十八日，即第一國際開端之日的這歷史事件的準備，完全是工人自己的努力。一直到此刻，我們都沒有時間提到與此事有關連的馬克思的名號。在這尊嚴的會場中，馬克思依然是來賓的資格加入。這是怎麼的啊？在馬克思的繁雜的文件中，發現一紙短簡，供給了這個答覆。牠上面是：

"馬克思先生閣下：逕啓者，附件所公佈之集會之組織者之委員會，敬請閣下光臨賜教。委員會於七時半開會時，當恭候閣下於委員會室中也。

(179)

即請　台安！

克奈門拜啓"

這就是問題了，甚麼使克奈門要去邀請馬克思呢？爲甚麼不去邀請當時集居在倫敦的與乎同英，法人接近別的僑民呢。爲甚麼他後來會被選爲"國際協會"委員會之一呢？

在這一點上我們只能夠憑臆測。最似近的大概是下列的事實：我們已經知道德國工人教育社在倫敦好像是各國工人集合的中心。這中心的範圍甚至於廣大起來，因爲英國工人自身見到有與德國工人團結的必要，這才能消滅英國雇主派代理人引誘工人到倫敦來與工人競爭的有害的結果。這在他們與前共產主義同盟的會員，愛卡里阿斯，勒斯勒兒，蒲發得兒間，才成立起密切的個人關係。前兩人是成衣工，後一人是油漆工。他們都是倫敦工會裏面的活動分子，而且與倫敦勞動會議的組織者與領導者非常相熟。這就不難了解阿德格與克奈門如何會知道馬克思博士，他在佛嘉特事件時，重新與德國工人教育社發生關係。

(180)

馬克思在第一國際的主要的任務，是起於牠組織之後，對於創立，他是沒有參加的，他不久成為這組織的指導精神。九月二十八日大會所選出來的委員會，沒有得到甚麼訓令，沒有綱領，沒有章程，甚至於沒有名稱。當時在倫敦已經有這樣一個國際組織"公共同盟"，供獻了牠的厚意給委員會。我們從委員會第一次會議的紀事錄上，知道有幾位這同盟的溫良的資產階級代表，也出席會議。這幾位紳士之中，有人向委員會提議，不必另立新的組織，又有人提議，新的國際協會的組織，應當公開出來，不僅有工人，而是任何人都可以參加，只要贊成國際的結合與勞動者經濟的與政治的改良的主張。只有兩位工人，愛卞里阿斯與前大憲主義揮提羅克，力陳要在新協會上，決定的冠以"國際工人協會"的名稱。這個動議為英國人所贊持，這裏面就有大憲運動的搖籃之工人協會的會員的幾位大憲主義者。

新的名稱明確的決定了新國際協會的特質，這搖動了屬於"公共同盟"的好意的資產階級分

(181)

子。委員會是要尋找別的會所。幸巧的，他們在離"德國工人教育社"不遠的地方，僑民與外國工人住居的區域內，找到一處小的集會室。

及到名稱決定之後，委員會開始去作綱領與會章。這只有一個難關，就是委員會的分子太複雜了。最先是自身就分裂成幾個集團的英國人：有工會主義者，前大憲主義者；還有前歐文主義者。法國人，在經濟的問題上他并不怎麼熟習，但自認為是革命路綫上的專門家。意大利人也非常有勢力，他們為有名的老革命者，共和主義者，但是為很宗教的馬志尼所領導。也有波蘭的僑民，他們把波蘭問題看得極為重要。最後，德國人都是前共產主義同盟的會員，愛卡里阿斯，勒斯勒兒，老勒爾，蒲發得兒，馬克思。

很多的計劃提出於委員會。在馬克思負責的分委員會上，他宣佈他的意見，後來決定他把他的計劃提出於總委員會。最後當委員會召集第四次會議時，一八六四年十一月一日，馬克思的草案經過少數編輯上的修正，得到絕對多數的通過。

(182)

我們無論如何要承認通過的草案是含有若干的妥協與讓步。馬克思自己急給恩格斯的信中，歎慨着他不能不在會章上，綱領上，引用權利，道德，正義等字樣，但是他料定恩格斯，能夠了解就是插入這類字，也沒有甚麼大害處。

可是，這不就是馬克思成功的祕訣。他的成功於他的草案差不多為多樣的集團一致通過者，是他所寫的國際創立宣言的特別的棘達的結果就是反對馬克思最猛烈的巴苦甯，也是承認的。馬克思致恩格斯的信上所懊悔的，這是對的，在外形上要證明是適合於勞動運動未成熟的第一階段，所以很難看出共產主義的見解。要引用"共產黨宣言"之大胆的革命言論，是不可能的。馬克思努力於內容上求徹底，形式上求穩健。他的成功的原因是很明白的。

創立宣言是在"共產黨宣言"十七年後寫的。這兩宗文件同為一著者的著作。但是寫宣言的歷史時代與發表此宣言的機關，是絕然不同的。"共產黨宣言"的寫成是應初期勞動運動的革命者與

(183)

共產主義者的幾個小團體的要求。這些共產主義者注意的是他們不是要在勞動運動中立定甚麼原則，只是想把一般原則，不問其國籍如何，結晶起來，以代表全世界的無產階級的共同利益。

一八六四年，勞動運動發達起來，深入羣衆。但是若以階級意識的發達這一點來說，牠還後於一八四八年革命的前衞。同樣的讓步在領導者間發現出來。新的宣言所寫的態度要考量到羣衆與領袖的無產階級意識的最低的水平線，但同時又要固守着在"共產黨宣言"中規定下的基本原則。

馬克思在宣言中示以"聯合戰線"策略宗範。他表示要求而且加重勞動階級可以同應該聯合的幾點，以此爲根據，則勞動運動的進一步的發展，是可以期待的。由馬克思所表式的無產階級的直接要求是與"共產黨宣言"的大要求理論一致的。

在這幾點上，馬克思自然有超於馬志尼，超於法國革命者，超於國際委員會中的英國社會主義者的巨大的利益。他自己沒有變更他基本的意見，完成了一部紀念碑的著作。由這時他就結束這個

（184）

大著作的草稿而從事於"資本論"第一卷最後的修正。如此徹底研究勞動階級的狀況，而且如此深刻的把握着資本主義社會的全部機構，馬克思是世界上惟一的一人。英國工廠調查員的報告，國會委員會調查各種產業部門的情狀，及城市鄉村無產階級的各種範疇的結果，都不避艱苦的加以澈底的研究，全英國中殆無二人。馬克思在這方面所有的智識，比委員會中的工人委員所有者，還要龐大無比的廣博得多。他知道各個產業的狀況與其對資本主義生產的一般法則的關係。

大宣傳家的天稟，在宣言的佈局上表顯出來。恰如"共產黨宣言"，馬克思起筆就以階級鬥爭為一切歷史的發展及一切政治運動的根本基礎，所以他在新宣言上，開端就沒有概括的意詞，也沒有用高泛的題目，只是切實的特徵出勞動階級的狀況的事實。

"這是極重大的事實，一八四八年到一八六四年中，勞動階級的悲慘並沒輕減，而在這時期內是只有空前的工業發達與商業擴展。"

(185)

馬克思引格蘭斯頓在下院的演說，指出除了自一八四三年後大不列巔的貿易額增加三倍之外，人的活生是十分之九的在爲生活而苦鬥着。事實上，監獄中囚人的給養還好於許多的工人。

常常引用國會委員會的調查錄，馬克思描畫出工人階級羣衆的營養不良，頹廢，疾病的情形。同時他促起注意於有產階級的財富之龐大的發展。

這樣馬克思達到一個必然的結論，反於資產階級經濟學者的斷定，卽不是要完成機械，也不是要應用科學到產業上，或者採用新的交通方法，發現新的殖民地，移民，開闢新的市場，也不是要自由貿易等，可以除去勞動階級的悲慘。所以他進一步的結論，如在"共產黨宣言"內一樣，社會制度立在舊基礎上的時候，任何新的勞動生產力的發展，只有把階級間的洪溝分得愈寬愈深，而且把現存的社會對立，使之更尖銳化。

指明一八四八年勞動階級所以失敗的原因，這失敗形成一八四九年到一八五〇年十年間的消

（186）

沉，馬克思又喚起他們注意這時期中勞動者僅有的勝利。

最先是十時間制。他證明除掉資本主義的寄生蟲所確言，勞動時間的縮短，寧肯說是增加，一點也沒有傷害勞動生產力。更進馬克思指明政府干涉經濟關係，放棄舊來放任觀念的原則的勝利。這下他結言，如在"共產黨宣言"中一樣，生產要以社會的全體來統治及指揮，這樣的社會生產，建立工人階級的政治經濟學的基礎。十時間制的制定，并不祇是實際上的勝利，這是無產階級經濟學對資產階級經濟學的勝利。

別一功績是勞動者自身發動建設的合作工廠。但是這與納薩爾不同，他把合作社當成由現社會轉換到社會主義社會的出發點，馬克思不這樣誇張牠們的實際的重要性。相反的，他把合作社用來證明給工人羣衆看；大規模的科學的生產能夠進行，能夠發展，可以不要壓迫勞動的資本家階級；如奴隸的工銀勞動，并不是甚麼永久的，事實上，牠只是最後讓位給社會生產的體系之暫時的低級

(187)

的勞動形態。一切都成爲共產主義的推論，馬克思指明這類合作社只能容納少數的工人，牠們無論如何不能夠改善勞動階級的狀况。

在資本主義生產爲共產主義生產所代替之前，合作生產的綱目不得不衍漫於全國。但是巧妙的提出這個問題，馬克思立刻說明這個轉換必定爲統治階級的抵死反對所妨害。地主與資本家必定要用他們的政治權力來防衛他們的經濟特權。這樣，勞動階級的第一項任務，應當是奪取政權，奪得政權之後，勞動者要在全世界各國中建立起勞動黨。勞動階級具備的成功要素只有一個。這就是羣衆。但是羣衆只有聯合的時候，團結的時候，爲智識與科學所領導的時候，才是有力的。在解放鬥爭中沒有團結，沒有聯合，沒有互助，沒有全國的，國際的組織，勞動階級是必然失敗的。由以上的考察的指引，馬克思附言，所以各國勞動者要決定組織"國際工人協會"。

以馬克思驚人的機敏與才能，重新達到他在"共產黨宣言"上很熱烈的達到的基礎結論；沿階級線上的無產階級的組織,資產階級的統治的推翻,無產階級奪取政權,工銀勞動的廢止,一切生產手段的社會化。

馬克思以另一重要政治問題來結束創立宣言。勞動階級一定不要把自己範圍於國家政治的小範圍中。一定要熱心追跡外交政策的問題。假如一切主義的成功是有賴於全世界工人的兄弟般的聯合,則勞動階級不能完成他的使命時,那就只有讓利用民族偏見担負國際外交的統治階級來使此國的工人與彼國的工人相鬥而流血,而破產。所以勞動者,應該通曉國際政局的機密。他們必需監視他們政府的外交行動;倘若他們的行事需要他們的全力時,他們必需反抗;他們必需參加對政府犯罪陰謀的澈底的彈劾。對個人犯罪加以處罰而容認國際關係的竊奪,偸盜,欺許,現在是宣告這些事件的末日之時。

(189)

第 八 章

第一國際之憲法

倫敦會議

日內瓦會議

馬克思之報告

納薩勒會議與不律塞會議

巴枯甯與馬克思

巴塞耳會議

普法戰爭

馬克思與巴苦甯之爭論

巴黎公社

海牙會議

我們已經很詳細的述說國際創立的歷史以及創立宣言的寫成。我們現在進行研究國際的憲法。這也是馬克思起草的，包括原則的敍述與組織問

(190)

題的討論的兩部分。

我們已經見到馬克思如何練達的把共產主義的根本原則引入國際創立宣言中。但是要把這些原則納入憲法中，這自然更為重要而比較起來更為困難。在創立宣言中只追取了一個目的，說明推動勞動者於一八六四年九月二十八日召集會議與建立國際的動機。但這不是一個綱領，只能說是綱領的序論；這僅是宣布於全世界之前的莊嚴的布告，特別是發表牠的名稱，新的國際的協會，工人的協會是建立起來了。

以不低於主要的形式，馬克思成功的解決了第二問題，即是表示各國勞動者當前的一般問題。"請注意：

"勞動階級的解放必定是由勞動階級自身來獲得；勞動階級解放的鬥爭並不是以階級的特權及獨占為目的的鬥爭，而是要求平等的權利與義務及一切階級統治的撤廢。

"勞動的人，為勞動機關，即生活源泉的獨占者的經濟隸屬，成為各種的形態，如一切的社會悲

(191)

惨,精神荒廢,及政治從屬的束縛的原因。

"所以勞動階級以經濟解放爲大目的,而一切政治運動附之爲手段。

'指向這大的目的的一切努力,因爲各國多樣分工間缺乏聯繫,因爲各國的勞動階級間缺乏交好的同盟結果,所以歸於失敗了。

"勞動的解放,旣不屬一地方的,也不屬於一國的問題,只是整個的社會問題,包括近代社會存立的所有國家,而牠的解決是有賴於最先進的國家之實際的與理論的協力。

"許多歐洲產業國家的勞動階級的現在的復興,引起一個新的希望,給與過去錯誤的陷阱的嚴厲的警告,而且要求現刻分裂運動的立刻的結合"

對於這幾點加以深切的注意,就看明俄羅斯共產黨在牠的綱領的幾處項目上,如何的接近馬克思所表示的諸論點。在英國的,法國的,德國的黨的舊綱領上,這也是同樣的眞確的。特別在法國的與歐佛爾特的綱領上,(原註:這綱領於一八九

(192)

一年由德國社會民主黨在歐佛爾特會議上決定)有很多處實際上是第一國際憲法的基礎前題的文字的複述。

自然的,國際臨時委員會的委員不是個個都同樣的了解這個命題的意味。例如,英國的,法國的,德國的委員,就都同意於以為勞動階級的解放,只能由勞動階級自身來作成這個命題;但是這個命題的解釋,就各有不同。英國的工會主義者與前大憲運動者,都把這命題認為是對於深情的中間階級分子贈給勞動者的厭煩的懸念之抗議。激烈反對智識階級的法國分子呢,了解這個命題為對背叛的智識階級之警告,而且是勞動階級的能力,可以不需智認階級,也能進行的肯定。只有德國的分子,前共產主義同盟的會員真實地把握着這這命題一切的意味。倘若勞動階級只有牠自己的力量而可以得到解放,那嗎與資產階級的任何聯合,與資本家的任何交接,都與這原則極端相反。這命題又加重語意在這目的并不是要解放這一部分或那一部分工人,只是要解放全工人階級,

(193)

而且這解放并不是這一部分或那一部分工人做得了的,而是靠全工人階級,所以這有先假定無產階級組織的必要。從這個命題上,生產方法的資本家獨占,是為勞動階級之經濟奴隸化的原因,所以跟續的結論是有破壞獨占之必要。這個推論,更進的主張廢除任何階級的統治,這自然就結論到廢除社會之階級之分裂。

在創立宣言中敍述的這命題,沒有重述於憲法中（原註:公表作"國際工人協會"會章）。其中沒有直接主張為求一切目的的實現,無產階級自身要担負起來,而且有取得政權之必要。我們看見以另一種申述代替這樣的說法。憲法主張"勞動階級以經濟解放為大目的,而一切政治運動附之為手段"

這命題以後成為第一國際內部激烈的意見衝突的出發點,我們要一併說明。

這命題含有甚麼意味呢?無產階級運動的大目的是勞動階級的經濟解放。要達到這個目的,只有沒收生產方法的獨占者與廢除一切的階級統

(194)

治。但是怎麼樣這可以成功呢？是不是"純粹"的社會主義者與無政府主義者的摒斥政治鬥爭是正當的呢？

絕不然；在馬克思所表式的論題中，是含有這這樣的答覆。在政治戰野中，勞動階級的鬥爭，與在經濟戰野中，勞動階級的鬥爭，是一樣的必要。政治組織，是必要的，無產階級的政治運動，必定要發展。這不能認為是甚麼獨立的，如資產階級的民主主義者與急進的智識分子所認識者。這只是在政治形態的變革中，在共和國的建立中，感到興趣；他們不要聽甚麼根本問題。這就是馬克思為甚麼加重語氣的說，政治運動對於無產階級，是達到他們大目的的唯一方法，這是輔助的運動。這個說明我們確信沒有如"共產宣言，"甚至如創立宣言中所述說者那樣直截，那是明白的表示取得政權是勞動階級主要的目標。

真的，對於國際的英國會員，這個命題是馬克思之所表式者，是極為曉暢的。這個憲法是用英文寫的，馬克思利用委員會中的前大憲運動者與歐

(195)

文主義者委員所習用的語詞。在事序上使我們想起大憲運動者與歐文主義者內的爭鬥，主要的是後者只認識"大目的"而忽略政治鬥爭這一點。當大憲運動者提出有名的六點的大憲法要求的時候，歐文主義者非難他們完全忘卻社會主義了。這在大憲運動者方面，他們也確言政治運動在他們不是主要的目的。在二十年前，大憲運動者所表式的命題，現在爲馬克思所複述。大憲運動者堅持在他們政治鬥爭是達到目的的手段，并不是自身就是目的。現在我們看馬克思的論點，爲甚麼沒有在委員會中引起反對。只幾年之後，巴枯甯主義者與其反對派間引起的熱烈的討論，這幾點成爲爭論的骨子。巴枯甯主義者主張本來這"爲手段"幾個字并沒有包含在憲法中，只是馬克思後來要把他們的政治觀念押入國際，這才有意引入的。"爲手段"這幾個字的削除，無疑的轉變了這一點的全部意思。這憲法的法文譯本，事實上是沒有這幾個字的。

　　這一小點誤會，是很容易解釋的，但是在黨

（196）

第八章

派的爭鬥熱中，就成爲不合理的非難馬克思對國際憲法之僞造與改變。當其憲法謠譯了的時候，法文的公認版就沒有"爲手段"幾個字。法文本就念成："勞動階級以經濟解放爲大目的，而政治運動附之。"爲要免去波拉旁政府的警察，注意勞動者間在任何政治運動中有非常的嫌疑，這認爲是必需的。在最初，事實上警察并不把法國的國際主義者認爲經濟的興趣比政治的爲濃厚。但正是同時，"政治家"的布浪葵主義者，攻擊赤貧的國際主義者爲"經濟主義者"。

憲法的不正確的法譯，在瑞士的法國部分翻印出來，從那裏凡是習用法語的地方，如意大利，西班牙，比利時等國，都擴大去了，這個事實，使紛擾更進一層。我們後來可以看見，在第一次大會上，決定通過國際的臨時憲法，各國委員都承認這個草案。第一國際太窮了，不能把這種憲法印成三國語言。就是英國本也只印了一千本出來，不久就散完了。馬克思的巨大的反對者之一，而且是執拗的非難馬克思的捏造之格耐門，在他的'國際史"

（197）

上，確定的給我們說，只有狂一九〇五年，他在草案本英文的第一版上，看見有"為手段"這幾個字！倘若他願意的話，他早可以確定的給他自己說，馬克思不是捏造者，但這不在實質上變遷了事實的進行。我們很知道在策略問題上，極不相能的意見是會引起的，其時在外面上相抗爭的黨派，都採用同綱領的原則。

憲法上還有另一點，真的，無政府主義者並沒有提出抗議，而從馬克思主義的觀點上看來是引起疑惑的。我們已經指明，為要在組織委員會的非常複雜的分子中，得到一致，馬克思不得不在有幾點上加以退讓。這並沒有在創立宣言中退讓，而只在憲法中如此。我們將要看他所退讓的是那幾點。

在提示原則之後，一八六四年九月二十八日大會中選出的委員會的委員，根據這個原則，決定創立國際工人協會，馬克思繼續說：

"第一次國際工人大會宣言加盟於國際協會的團體及個人，要認識真理，正義與道德，不問人種,信仰與國籍如何,要以這個為對會員彼此與對一切人的行為的基礎。

"大會認為這是人的義務,去要求人,公民的權利,不只是為自己要求,而且是為完成此義務的任何人要求,沒有義務,就沒有權利,沒有權利,就沒有義務"。

馬克思所取的讓步在那裏呢?我們看見關於這一點他自己寫信給恩格斯說,"所有我的提案,都為分部委員會所採用。我不得不在憲法中插用許多的語詞如'權利'與'義務'與乎'真理',道德與正義',但是照這樣的插用,并沒有甚麼妨害的地方"。

實際上這沒引起任何災難的事情。就事實本身,這是沒有甚麼可怕的,真理,正義,道德這幾個字的我們的理解,牠們的觀念并不能離社會狀態而永恆,不變與獨立。馬克思主義并不否認真理,正義,道德;牠僅證明這些觀念的進化,為歷史的發展所制約,不同的社會階級看出不同的內容。

那就不行了,假如馬克思不得不去反覆法英

(199)

社會主義者的宣言，假如他不得不說我們是以眞理，正義及道德的名義爲社會主義奮鬥，不是因爲牠是必然的如在創立的宣言中所驚歎陳說的，而是因爲由資本主義所創造的條件，由勞動階級的各種狀態，邏輯的要發生這件事情，馬克思插用幾個字，不過說明國際工人協會的委員，應當彼此間的關係以眞理，正義，道德的精神爲行動的義務，就是說不應當背叛彼此或同屬的階級，互相欺騙而要以同志的精神行動等等。代替這些空想社會主義者在原則上樹立他們爲社會主義者的要求馬克思把這些觀念變質爲無產階級團體內行動的基本規範。

但是我們現在所討論的這一點，證明這些原則必然是國際委員不論人種，宗敎，國籍之對人關係的行動的基礎。這不會是無益的。我們必需衷心想到，這時在美國正有內戰狂；不久以前波蘭的暴動是澈底的彈壓下去了；沙皇的軍隊征服高加索成功了；宗敎的迫害在大部分的文明國流行着；就是英國的猶太人得到政治的權利也在五十年代之

(200)

第八章

末，不僅在俄羅斯，就在歐洲別的國家，他們也還沒有享有市民權。

資產階級還沒有把道德，正義的"永久"原理物質化，就是自階級的人在自國也如此。關及別國的別民族的人，更把這些原理露骨的加以蹂躪。

權利與義務相關之點還極受非難。這沒有音調也沒有理由去勸別人為人權，為市民權而奮鬥；不只為自己奮鬥，還要為別人奮鬥。這裏馬克思除去他的偉大的外交才能，他不得不向委員會中的法國革命僑民的代表，相當讓步。

現在使我們想起許多關於法國大革命的事實。最初的動作之一就是人權與市民權的宣言。這是向自己把持一切特權，而課人以一切義務的土地貴族與專制政治的鬥爭，革命的資產階級揭出平等，博愛，自由的要求，并且要求把權利讓渡給人，給市民，承認他們才是權利的所有者。這裏面，特別加重私有財產的神聖權利的意義。與第三階級有關的財產權，貴族與王權早經無躊躇的侵害過。

雅各賓黨在權利宣言上加以細微的修正。關

(201)

於私私有財產的神聖這一點，完全沒有損害。這個宣言從政治方面看來，是非常急進的，因為牠承認人民的革命權與乎加重的述說各國民友好的意義。以這個形式，就為有名的一七九三年的權利宣言或羅泊士比耳權利宣言，由一八三〇年初起，成為法國革命者的綱領。

他方面，馬志尼的一派主張接受他的綱領。在他有名的著作"人權論"上，這有英譯本而且在工人間得到廣大的而譽，照他的"神與人民"的口號，與乎他的人權之宣布根據於理性與自然與法國唯物論者之分別，馬志尼提出神授人以權利與義務的觀念，成為他的唯心論的倫理學之基本前提。

現在我們就可以了解馬克思的表式之由來了：沒有義務就沒有權利，沒有權利就沒有義務。為要力求人權宣言的要求，馬克思利用法國人與意大利人的意見衝突，在他的表式上，注明這個要求與資產階級前項要求的區別。無產階級也要求牠的權利，但是牠開端就宣言沒有相應的個人對社會的義務，個人就不當有權利。

(202)

幾年後,憲法再經審議時,馬克思提議只有引用人權宣言的語句的地方應當削除。關於權利與義務的命題依然留存,後來在歐佛爾特綱領中以平等權利及平等義務的形式插入。

我們現在來研究憲法的本身。

"1.本協會之設立,其目的在供給各國工人團體以聯絡及合作之中央機關,用謀勞動階級之保護,進步及完全解放。

"2.本協會定名為國際工人協會。

"3.本協會各支部每年派出代表開勞動大會一次。大會之任務在宣布勞動階級之共通熱望,研究使國際協會之事業達於成功之必要手段,及任命協會總務委員會之委員。

"4.大會決定下次大會之開會日期及地點。代表於屆時赴開會地址。不另行通知。總務委員會於必要時得變更開會地址,但無權延長開會時期。大會每年指定總務委員會之所在地及選出委員。已選定之總務委員會有權增加委員之數目。

"在每年度會議上,大會需接受總務委員會該

(203)

年度活動的公開報告。總務委員會於緊急時得在常會會期之前召集大會。

"5. 總務委員會以國際協會之各國工人代表組織而成。總務委員會因事業進行之需要，得於委員中選出會計長，祕書長，通信祕書等職員。

"6. 總務委員會於協會之各國各地團體間成立國際辦事處，於此，一國工人可以將自階級之運動，經常通告各國；於此，因同時在共同指導之下，可以調查歐洲各國之社會狀態；於此，一團體所考查之一般關係之問題，可以送達於各地；於此，例如因國際糾紛當立需斷然取實際步驟時，加盟團體可以取協同一致之行動。總務委員會認為適當時，得向各國及地方團體發議。因通信之便利，總務委員會發行定期報告。

"7. 各國工人運動之成功，非有協同一致之權力，不能獲得，同時在另方面，國際總務委員會之成績，依少數工人團體之全國中心，或小部分散之地方團體之會員所關之狀況而定；國際協會之會員，應用全力於聯合自圖分散之工人團體，為全國

(204)

組織，以為全國中央之代表。"

凡此憲法的根本原則，後來皆為大會所採用。

由馬克思發議所引入之主要的變更之一，即是廢除中央委員會，後改稱總務委員會者之委員長制。由納薩爾所組織之全德國工人聯合會之經驗，證明受此全然無用的制度之限制，有許多的防害。因為要指揮會議，總務委員會選出一議長，由各國團體選出之祕書與祕書長合作開會，處理日常事務。

國際的憲法在國際勞動運動史中，曾經數次之應用。此後八年間所引入的許多變更的詳細研究，為本書之範圍所不許。但於主要的形式上，並無若何變更。直到第一國際終了，有許多的權力付與總務委員會。

臨時委員會最重大的問題，是召集國際大會。這就是熱烈討論的起因。馬克思主張最先要完成準備工作，這樣各國才有機會接近國際當前的問題與組織的時間。他方面英國委員把他們工會運動的利益看過任何事物，要求大會的立刻召集。中

(205)

央委員會中的法國僑民附和之。

全部事件的結果，歸於妥協。在一八六五年，這沒有召集大會，只召集會議。在倫敦舉行。重要的事件就是審查報告與準備下屆大會的事務。瑞士，英國，法國，比國都參加了。前途不見是很有望的。大會定於一八六六年五月召集。

在德國，除去德國工人聯合會的存在外，事情是入於非常困難的狀態。納薩爾於一八六四年因決鬥被殺。照聯合會的章程，一個小有才的，小有力的柏克成爲會長。大部分是爲聯合會的中央機關報，"社會民主主義者"的主筆徐維塞爾所支配。可是沒有好久，因爲國內政治問題，他同剛爲編輯之一的李布克奈西起重大的意見衝突。答應投稿的馬克思與恩格斯也公開宣稱放棄此種關係。墨林想爲徐維塞爾辯護；他斷言此事件上馬克思與恩格斯之錯誤。但是墨林才錯了。所有的事實都證明他的錯誤。

我們已經知道納薩爾策略的重大缺陷，他陷自己於取悅統治政團之不許可的詭計。徐維塞爾

〈206〉

就更進一步。他發刊了許多論文,墨林也承認的,他們在畢士馬克思之前,以諂媚的舉動,成立一個極不好的印像。墨林極力爲這件事辯護,說這種方法在當時法律條件的觀察上是需要的。老革命的李布克奈西據說不能應付這件事了,所以把他的舊友與先生請出來對付徐維塞爾。這樣徐維塞與李布克奈西就分離了。後者爲馬克思與恩格斯所贊助,就是他們的舊敵如海士亦贊助他們,不滿意於徐維塞爾的妥協方法。這些舊革命者,們就加徐塞爾一黨以"畢士馬克黨"的渾名。

倫敦會議開會時,德國的馬克思的友人既沒有機關報也沒有實際的團體。納薩爾派拒絕對國際的一切事務。由這種分裂的結果,在國際中代表德國的,只是居住在英國與瑞士的老的德國僑民。

這在倫敦會議上,才明白國際的財政狀況,是非常的困難。一全年的光景,才徵收得一百五十元美金。全部收入的預計,也不過三十三金磅。以這樣一種收入,要進行那樣大規模的活動,這是很困難的。這很不足以支用這必需的用費。

(207)

在這些事務的順序的討論中，別一個意見的衝突又明顯了，這起於住居倫敦的法國人與代表巴黎團體的法國人之間。後者反對討論波蘭獨立問題，因為他們以為這是純粹的政治問題。在法國僑民方面，以少數英國人之贊助，要求把宗教問題加入議事日程；他們高呼反宗教偏見的激烈戰爭。馬克思宣言他反對這個意見。他的反對根據於他正確的信念，看見連結各國勞動運動的結紐還依然薄弱，再加入宗教問題，那更招來不必要的分裂。可是他的意見為少數少贊成。

第一次大會召集之前的另一年是過去了，這時期中，發生許多重要事件。在英國這是激烈的政治紛爭的一年。總務委員會的工人委員所領導的英國工會，對於擴張選舉權進行一個頑強的鬥爭。我們重說一遍，這個鬥爭是由國際的指導而發展。馬克思盡全力於糾正英國過去錯誤的重演。他要他們不要加進急進派的陷網的同盟，而去獨立的鬥爭。但是在一八六六年初，出現了舊的傾向，在大憲運動時代，使英國的勞動運動感受極大毒害

(208)

的傾向，在今日猶使勞動運動蒙其蔽害的結果的傾向。自以普選運動爲目的，無產階級的領袖，一部分因爲財政上的理由，就與在政綱上有普選的資產階級的民主主義的最急進派結爲同盟。爲指導這個鬥爭，成立一個複雜分子所組織的聯合委員會。其中有最爲人所敬重的民主主義者比斯勒教授，其中也有所謂自由職業者律師，法官的代表，尤其是最初有妥協傾向的小中商業資產階級的代表，這個鬥爭以英國的風度進行。各種的集會與示威運動組織起來。在一八六六年七月，倫敦舉行一個示威遊行，其盛大狀況，就在大憲運動時，也是沒有見過的。必然的是政府最後承認讓步。

我們記起一八三〇年七月革命後，在英國發生強烈的議會改革運動。運動的結局是妥協，工人爲最卑劣的方式所欺騙，選舉權只有產業的資產階級獲得。所以現在又發生了。當其政府看見退卻是不可避免的，城市工人持着威嚇的氣度，就提議一個妥協的辦法，擴張選舉權於城市無產階級。

我們必需特別注意普遍選舉只是男子的普遍

(209)

選舉。婦人選舉權的給還，想也沒有想到。這個妥協立刻爲選舉改良委員會中的資產階級委員所接受，工人選舉的獲得要有一定的居住，就是付出特廉的房租的一室亦可。這下，城市工人差不多都獲有選舉權，只有當時英國少數城市的極貧窮的工人是例外。農村的無產階級依然沒有選舉權。這伶俐的策術是爲保守黨的領袖底斯拉里所發明，而爲資產階級的改良主義者所贊成，他們以將來選舉權更擴張的鬥爭的觀察，誘工人接受這個讓步。但是農村的工人須更待其他的二十年。沒有常住庭家的工人，被給以選舉權是在受一九〇五年俄羅斯革命的自由主義的影響之後。

一八六五年到一八六六年，在德國發生的事件，其重要并不低於前者。普魯士與奧地利間勃發了激烈的紛爭。惹動爭論的問題是德國國內的霸權問題。畢士馬克目的在將奧地利除去於德意志聯邦之外，而增高普魯士在德意志諸邦間的支配地位。這個爭論發展成爲奧地利與普魯士間的武裝衝突。普魯士不躊躇的與別一反對德意志諸邦

(210)

第八章

之意大利結爲同盟，在兩三星期中，就把奧地利打得粉碎，並且吞併了幾個幫助奧地利的德意志諸邦，如哈諾夫爾王國，佛蘭克佛自由市，海士侯國等。奧地利是決定的趕出了德意志聯邦之外。以普魯士爲首的北德意志聯邦組織起來。爲要得工人的同情，畢士馬克宣布普通選舉。

在法國，拿破侖不得不給出若干的讓步。刑法中關於工人團結的幾條法律，是取消了。迫害經濟團體，尤其是合作社與互助社，是減輕了。注重合法手續的溫和分子工人的，占到勢力。他方面，布浪葵主義者的團體生長起來。這些團體飽受國際主義者的攻擊，指責他們放棄革命的行動，阿諛波拉旁的政府。

在瑞士，勞動者埋頭於國內問題，只有別國移來的僑民，對國際發生興趣。德國支部，以柏克爲首領，刊行"前驅，"負着德國工人中不同於納薩爾派而贊成國際的一派的中心機關的任務。

在普魯士戰敗奧地利不久，當時英國工人認爲他們得到戰勝資產階級的大政治勝利，一八六

(211)

年九月召集日內瓦會議。這次會議在誣謗中傷中開成。除了蒲魯東派，法國的布浪葵派依然主張要參加這會議的工作。有很多最革命傾向的學生，他們活動的非常強固；雖然他們沒有得到任命狀，他們結局以暴動妄動被遣逐；甚至謠傳有把他們投入日內瓦湖的計劃，這自然是閒談。但是解決并沒有不出於拳足的應用，這也是當時法國黨派爭鬥的常見的事情。

可是，當這個工作開始的時候，爭鬥在蒲魯東主義與包括愛卡里阿斯及英吉利工人的總移委員會的委員間，發生出來。馬克思自己莫有到會，他正忙於"資本論"第一券的最後修正。更進，因為他是在法，德偵探嚴重監視之下的一個病人，這個行動就更為困難，但是馬克思寫下一個很詳細的報告作為代表，涉及會議所應討論的諸點。

法國的委員提出一個極苦心的報告，羅列了蒲魯東的經濟觀念。他們宣稱他們極力反對女工制度，認為自然所劃給婦女的居地是在壁爐之旁，就是，婦女應居於家庭而不宜投入工場。并且宣稱

(212)

他們徹底的反對罷工與工會，他們提出合作的觀念，尤其是以互助主義為原則的交易所的組織。最先的條件是協立分立的合作社，與樹立自由信用制度。他們甚至於堅持要大會可決一個國際信用的組織，但是他們所成功的僅是這樣一個決議案，國際各支部受大會之勸告，對信用問題及工人借款協會的結合，加以研究。他們甚至於反對干涉工作時間的長短的立法。

他們被英，德的委員所反對。他們依次以決議之形成，可決馬克思報告的相應部分。

這報告主張國際的主要機能是在統一與調整為自己的利益而奮鬥之勞動階級的各種努力。織成聯繫是必要的，這使各國的工人不僅感到他們自己是戰場上的同志，還是為解放陣營中工作的一員。所以必定要有罷工時的國際援助組織，并且要抑制一國一國的破壞罷工的自由運動。

最重要的問題之一，馬克思力陳勞動階級狀況的科學的調查，可以依勞動階級自己的發意而進行。所有蒐集的材料，應當由總務委員提出處理

(213)

完備。馬克思更簡單的陳述勞動階級的調查的主要的幾點。

工會問題生出極激烈的論辯。法國人反對罷工及一切抵抗雇主的組織。工人只有以合作社方能得救。倫敦的委員贊助與此相反之馬克思報告中所涉及的工會的提議。這爲大會所可決；但是這裏發生同樣的誤會，就是涉及於第一國際的其他規定。正確的原本很久沒有知道。德國人知道是以極不完全的譯文揭載於柏克的"前驅；"法國人知道了是更壞的譯文。

所有在"哲學之貧困"與"共產黨宣言"中馬克思所論及的關於工會爲無產階級的階級組織之基本核心，是在這決議案中以更確定的形式重述出來。同時指出工會當前的許多問題，幷工會變型爲狹隘的職業組織之失敗。我們且在這一點上作少許詳細的考查。

工會是怎樣發生的？又是怎樣發展的？牠們是資本與工錢勞動鬥爭的結果。在鬥爭裏面，工人發現自己極不利的環境。資本是一種集中與焦結於

（214）

資本家手中的社會力量。勞動者可以自由處分的只是他自己的勞動力。這樣資本家與勞動者間的自由契約的說話，完全是糊言。蒲魯東一派人空談自由契約與正當契約的時候，他們只不過曝露了自己對於資本主義的生產過程的機構之無知。資本與勞動決不能在正當的基礎上得到協定，就是把生活及勞動的必要的物質手段與生存的生產勢力相切離的社會，照着這社會的道德標準，亦辦不到。在單個的資本家的背面，有一個社會力。勞動者所持執以對抗這個力的唯一武器是數。但是數的力量，即羣衆，是為工人間的職業競爭的發生與持續的分裂所破壞。工人階級當前的第一問題就是除去競爭。工會的發生是勞動者本身自願的企圖，是在除去競爭，至少可以調解競爭，而且在得到使自己超出於單純奴隸狀態的協定的條件。這當前的問題，為日常的要求，即阻止資本之無拘束的篡奪之手段的發現，工錢及工作時間的問題，所限制了。反對蒲魯東主義者，的主張這個活動不僅是完全正當的，而且是必要的。這是無從避免

(215)

的，只要現在的生產制度繼續存在。牠還更前進的，更普遍的發展。而且這只有由勞動者的教育與勞動者的國際團體結可以完成。

但是工會是有另一種任務，而且不是不重要的任務，這一點蒲魯東主義者在一八六六年所了解的與在一八四年蒲魯東本人所了解的，是一樣的缺乏。不自覺的，工會成為，就是現在也成為勞動者團體過去與現在之結晶的所圍繞的中心點。牠們的作用是資產階級發達中的自治都市與自治團體的作用的記憶。倘若牠們是資本與勞動的鬥爭中不可缺少的，則牠們在廢止工錢勞動制上，其組織的要素更加一層的重要。

不幸，工會在社會進化的牠們的任務方面之全意義，沒有充分明確地把握着。充分的埋頭於與資本之地方的當前的鬥爭，工會還沒有徹底的實現牠們反工錢奴隸制度的活動力。這就是牠們為甚麼對於一般的政治運動，過去現在都採取超然的度態。

馬克思指示出工會明白的開始醒來，理解他

（216）

們的歷史使命的幾種徵兆。英國工會在普通選舉鬥爭中的參加，及其在歇費爾得會議上決定一切工會均加入國際，馬克思從這些事實上，看取這個徵兆。

結論，馬克思現在還把他的砲口向着蒲魯東派與純粹而簡單的工會主義者演說，批評他們局促於工錢與勞動時間的問題之活動的傾向。除開這些初步問題，馬克思主張工會要去學習以勞動階級全體解放的利益之有意識的組織中心的行動。他們必須援助懸望此終結目的之一切社會政治運動。他們必須自承為勞動階級的戰士及代表者而依此行動；他們必須把一切工人引動到自己的陣營中來。他們對最低酬報的產業部門的勞動者，如工作於特殊勞動事情之下而判定無力之農業勞動者的利益，要急切的加以注意，工會還要使全世界信服，這不祇是說他們不應當偏狹自己，剛好相反，還是說他們的目的是在解放數百萬被壓迫者。

總之，在日內瓦會議上關於工會的討論是非常有趣味的。倫敦的代表很巧妙的擁護他們的主張。在在他們僅認爲這個決議 馬克思的無餘蘊的報告的演繹，不幸是祇有他們了解這個報告。甚至於在提交大會之前，在總務委員會討論時，就起了急越的意見衝突。所以馬克思於提出詳細報告於總務委員會之時，注意的闡明工會在資本主義生產行程中的意義。他利用這個好機會，在聽衆前，以極通俗的形式，應用他的價值及剩餘價值的新學說，說明工錢，利潤及價格的相互關係。總務委員集合之時，給人一種非常深切的莊嚴，使許多資產階級的研究機關都爲之艷羨。這一切智識與科學的重要，都獻給勞動階級的服務。

倫敦代表擁護馬克思提出的八小時勞動，其靈巧也不下于前者。他們與法國代表的意見相反，而與馬克思主張一致，改善與解放勞動階級之更進的任何努力之先立的必要條件，無此條件則所有努力將歸於無效，是勞動時間的立法的限制。主要的是恢復勞動階級，每國的大多數國民的康健與體力，而且在保證他們的智識的發展，社會的共同與政治的活動的可能性。大會根據總務委員

(218)

會的提議，宣言八小時勞動爲立法的最大限度。八小時勞動時間的限度是美國工人的要求之一。日內瓦會議把這個要求加入全世界勞動階級的綱領中，夜工只在特殊的情形，卽法律明確規定的產業部門及一定的職業，可以許可。理想是一切的夜工都廢止。

有一點認爲不滿意的，就是馬克思沒有在這個報告中陳述對於女工問題的意見。完全可以說是他以爲關於縮減勞動時間的全意見上，可以適用於成年工人的，男工，女工都是一樣，附加的條件是女工不適合於夜工，這是對於婦女的肉體有惡劣的影響或者是對於婦女有毒或一般有害材料所有的作業。並且因爲法國，瑞士代表的大多數都宣言寬待一切女工，大會就知道很容易承認馬克思的報告與通過法國分子所提的決議。結果就是最好是完全禁止女工，但還不能禁絕時，馬克思提議必需要規定牠的一定範圍。

關於童工與青年工人的馬克思的提議，沒有經過蒲魯東派的增訂，完全通過。那會議是說近代

(219)

產業引進兩性的童工與青年工人參加社會生產的傾向,是進步的,健全的,合理的,只是在資本主義之下的事實是降陷入可怕的災害中了。馬克思想在合理的組織的社會中,從九歲以上的兒童,都應當加入生產的勞動,猶之乎沒有一個生理上有能力的成年,可以不服從自然法則所規定的要生存就要有精神肉體的工作。關於這個問題,馬克思提議把肉體勞動與精神勞動的結合,加以精巧的計劃。精神的及肉體的發展,加以技術的教育,這可以使兒童們把握這包含在近代生產中的科學的原則,這都在他計劃中。

在這個報告中,馬克思亦講到合作問題。他取得這個機會,不僅可以破壞關於純粹合作的幻想,并且指出合作運動成功的先決條件。如在創立宣言中一樣,他也選定生產合作到消費合作的方法。

"範圍於各個工錢奴隸以其私自的努力所經營成功的卑小形式,合作制度決不能變革資本主義社會。要變更社會生產為自由的合作的勞動之龐大的調和的制度,一般的社會變革是必需的,一

（220）

般社會條件的變革，除非由社會組織力的移轉，卽國家權力由資本家，地主手中移轉到生產者自身時，是絕不會實現的。"

我們又在這裏看見馬克思注重的指出勞動階級爲自身獲得政權之必要。

我們已經灼知的憲法草案，幷未如何修訂，卽予通過。法國代表在倫敦會議上已經提出這個問題，解釋"勞動"一字只限於肉體的勞動，所以智識勞動的代表應當除外，這一種努力遇著強烈的反對。英國代表宣稱要採用這樣提案時，則對國際盡力很大的馬克思，就首先要趕出會。

日內瓦會議經騐一個巨大的宣傳武器。一切大會通過的議決案，表式無產階級的基本要求，且殆全部爲馬克思所起草，成爲各勞動階級政黨之實際的最低政綱。大會受到各國熱烈的反應。剛好在日內瓦會議之後，牠對國際勞動運動的發展給以強有力的刺激，這國際就爲自己博得無上的榮譽。有幾個資產階級民主主義的機關很注意國際，而且想爲自己目的來利用牠。

下次會議于一八六七年在納薩勒舉行，就發生爭論，爲是否准許新成立的國際團體"和平與自由同盟"參加下屆大會。只有在一八六八年舉行於不律塞的下屆大會上，總務委員會的觀點得到勝利。那就是決定上項同盟准予加入國際，其會員爲國際--支部之會員。

馬克思沒有出席。在這兩次大會在納薩勒會議事項終結之前，"資本論"第一卷出版。在不律塞會議上，由德國代表的提議，通過勸告各國工人研究"資本論"的決議案。該項決議指出馬克思是"有意的以科學解剖資本，還原牠的基本要素的第一個經濟學者"的榮譽。

不律塞會議討論機械影響於勞動階級狀態的問題，罷工，土地私有制度。這些決議都以妥協的精神通過。可是，在這些社會主義的觀點，或現稱爲集產主義的觀點，克服了法國代表的見解。運輸機關，交通機關，土地之移轉於集團所有的需要，現在是明白的承認了。在最後的形式，於一八六九年在巴塞爾大會上通過此決議案。

(222)

第八章

自納薩勒會議以來，國際的中心政治問題是戰爭與阻止戰爭的問題。一八六六年的戰爭之後，普魯士戰勝奧地利之後，流行的觀測是普法的武裝衝突,是不可避免的結果。到一八六七年這兩國的關係達到最後的階段。拿破侖想增高他的威望所引起的植民地戰爭的不成功的結果，使他的地位,不能隱固。向幾位有力的財政家的煽動，他企圖遠征墨西哥。這引起美國的大激怒,牠是非常警戒的反對對門羅主義之一切踩躪。拿破侖的計劃得到無面目的結局。事情只有在歐洲來彌縫。但是依然為失敗所襲擊。不得不對國內政治取讓步,他希望在歐洲領土合併的成功，這就是擴張法國的領土,無疑的可以穩固他的地位。所以這就於一八六七年發生盧森堡事件。伸手於萊茵河左岸的許多領土上的不成功的企圖之後，拿破侖想從荷蘭收取盧森堡大公國。到一八六六年,牠還是屬於德意志同盟,不過是由荷蘭王所統治的。以前就駐紮在盧森堡的普魯士防軍,不得不撤退。拿破侖與荷蘭交易的消息,引起德國愛國者的非常的興奮。有

(223)

了戰爭的風傳。拿破侖核算他還沒有充分的準備，就折轉回去了。他的威望更受嚴酷的打擊。他不得不在反對的高潮前再退却。

到不律塞會議的時候，歐洲的局勢變得非常迫切，戰爭像就要暴發。大家都豫料到普法完成其準備及覓得適當的口實時，這戰爭就暴發了。大家都知道的，這戰爭是使普法工人的利益蒙受重大的損害，所以如何去防止這戰爭的困難問題，為無產階級最關心的事。無產階級的運動，特別在大陸發展的非常急速。在一八六八年已經發展成為國際工人運動先頭的強固勢力之國際，反不能解決這大有關係於牠的問題。經過許多熱烈辯論之後，有人主張若真有戰爭，則同盟罷工是必要的，又有人主張只有社會主義才能絕滅一切戰爭，在不律塞會議上通過的是妥協結果的更謬妄的決議案。

但是到一八六九年夏天，戰爭的魔魂是暫時消失了，經濟的政治的問題重為巴塞耳會議的重要議題。關於一切生產機關的公有的問題，已經在不律塞會議上表面的討論過的，現在在代表之

(224)

第八章

之前第一次正式的提出。反對土地私有的人獲到無上的勝利。蒲魯東派不可挽救的墮入泥淵。可是新的紛爭在大會裏燃起。在巴塞耳著名的巴枯甯以獨立運動的代表資格第一次出面。

他從甚麼地方來的？在四十年代之初，我們已經在柏林見過他了。我們知道他所受的哲學思潮的影響，就是馬克思恩格斯所受的影響。在一八四八年，他同住在巴黎的德國僑民發生關係，他們已經組織一個革命軍團來預備攻入德國。在革命自身中，他是在波黑米亞，想聯絡斯拉夫的革命者。他後來在綏士登參加薩克爾的革命者的暴動，被捕而判處死刑，及到引渡與尼古拉一世，他就把他監禁在許侶塞耳堡要塞中。幾年後，在亞力山大二世的時代，放逐到西伯利亞，他從那裏逃出去，經過日本，美洲，囘到歐洲。這是一八六二年的事情。最初他參進俄羅斯事件，聯合黑爾孫，寫了幾册討論斯拉夫與俄羅斯問題的小册子，他重新在這裏面力陳建立斯拉夫民族革命同盟的必要。他想參加波蘭叛亂的企圖，沒有成功。在一八六四年，他在倫敦遇見馬克思，他從馬克思那裏知道國際的設立，他答應帮助他。可是他到意大利後，他就變得差不多完全不同了。巴枯寧現在取與一八四八年所取的同樣觀念，這就是馬克思所誇張的勞動階級的意義。照他的意見，智識階級，學生階級，資產階級民主主義的代表，尤其是從中間階級中出來的分子是很强力的革命分子。當時國際正在困難中奮鬥，這是最初所遭遇的而後來漸漸成爲最有力的國際團體，就是巴枯寧是想在意大利組織自己的革命團體。他以後僑居瑞士，他加入資產階級的"平和與自由同盟，"被選爲這團體的中央委員。一八六八年，他脫離同盟，但是不參加國際，而同他的朋友建立新的團體，"國際社會民主主義同盟，"一般卽稱之爲"同盟"。

　　這個新團體取得高的革命的立場。對神與國家宣言嚴厲戰爭。牠要求會員都爲無神論者。經濟綱領卻沒有甚麼別明白的闡明。牠要求一切階級的經濟的社會的水平。除牠革命的性質；這個新團體甚至沒有提出一貫的社會主義政綱；牠只

（226）

揭出要求遺產權的廢止。為要不恐駭其他階級的分子的苦心；牠很細心的不主張牠明確的階級性質。這新團體向總務會議提出牠獨自的規程，獨自的綱領；加入國際；為獨立的團體。

我們現在已經接近頂困難的一點。自從馬克思在總務委員會中振起一大勢力，他就負起委員會一切決定的責任。雖然這不常常是正確的，但在這種情形上，主要是馬克思負責的。這樣假若我們相信不僅是巴枯甯的黨徒，就是馬克思主義者們，他們也傾向於防護這大而無用者；雖然是真摯的革命家巴枯甯，因為當馬克思主張決定拒絕巴枯甯的時候，其行動實在過於嚴厲了。自然；我們不是這樣的慈心；覺得拒絕一個親近資產階級的罪惡團體，加入國際，是太固執的。

我們想一想。巴枯甯把新同盟的綱領送達馬克思；他再另行寫一封親筆信。自從巴枯甯在意大利寫信答應為國際工作，這是差不多四年了。現在知道不祇他沒有履行這個約言，他還傾他的全力，來為資產階級運動。真的，他寫道，他現在是比

(227)

以前了解的多，現在完全知道馬克思所選的經濟革命的大道,是如何的正確；他嘲笑迷惑的傍徨於純粹之國民的及政治的事業道上之人。他以哀調的進說：

"自從在柏爾恩會議嚴厲的公然的與資產階級分離以來,我除最早就知道勞動者的世界以外,不再知道有任何團體,任何環境,我的國家現在是國際,你是重要的創立牠的一人。所以你看,親愛的朋友，我是你的學生，而且我很誇耀我這個稱號。"

這封信總歸引動巴枯甯的友人的慈愛之淚,而且對無情的馬克思感到忿恨，因爲他不寬容地伸手拒巴枯甯於千里之外。甚至墨林亦申述這是沒有理由來懷疑這些確言的眞摯。

我們不願意懷疑巴枯甯的眞摯。但是讓我們來試處於馬克思的地位。我相信他是一位嚴刻的人,但是墨林也承認,到一八六八年末,他對巴枯甯的度態還是十分寬容的。僅僅讀這封信,我們就會明白爲甚麼這封感傷的信不能使馬克思感服的

（228）

理由。這不是一個青年寫的,而是五十年代的人寫的,他曾一度加入"無產階級的世界",而又離棄了牠來協助"資產階級的世界"。煩擾於那世界中四年之後,完全覺醒於迷妄之後,現在他願意加入國際,重新踏上這條"大道",但是提出極不合理的要求。一八六四年,馬克思已經過信的容許了巴枯甯,現在不是應當很留心嗎。這證明馬克思是正確的。

當總務委員會絕對拒絕巴枯甯的要求時,巴枯甯通告決定解散他的團體,而改造成國際的支部,依然保持他們自身的理論綱領的支部。總務委員會只承認在共同基礎上,舊同盟支部可以加入。

這看來總是萬事轉好了。但是不然。不久馬克思發展了有根據的疑難,巴枯甯不過欺騙了總務委員會,官樣文章的解散了他的團體,實際上完全保存着中央機關,意圖占領國際。這是全抗爭的難點。我們可以承認馬克思不是一個天性溫和的人,巴枯甯是很好的,甚且天使般的。這却在問題

(229)

之外，我們很久就知道巴枯甯是許多小罪的過犯。一切人都是犯罪的。巴枯甯的辯護者決定的答覆說：有沒有一個祕密組織事實上存在呢？當他自信他已經解散了他的團體；巴枯甯有沒有欺驅總務委員會呢？

雖然我們敬愛馬克思，我們也承認巴枯甯友人的確論。倘若他的友人，國際的歷史家。已故的蓋拉蒙，證明這不過是虛搆的事實；則巴枯甯是受人惡意的誹謗了。不幸這同盟繼續存在，并與國際行頑強的鬥爭。可愛的善良的巴枯甯，不躊躇的訴諸以爲只要能夠達到目的的一切手段。我們并不因此就攻擊他。然而他的讚美者努力把他說成這樣一個人，他決沒有求助於成問題的手段，并且他的讚美者之一，向我們確言他決沒有任何不眞摯的罪過，這想起來是再滑稽不過了。

巴枯甯覺得可以滿足一切手段的目的是什麼呢？資產階級社會的破壞，社會革命，這就巴枯甯所翹望的。但是與馬克思的終結目的正好相同。在這不同的領域中，總要引起衝突。實際上馬克思與

(230)

第八章

巴枯甯間的分歧,包含着革命的方法論。

第一就破破,這下才來——建設。破壞——愈早愈好。這已經足以鼓動革命的智識階級與煩惱於貧窮的工人。唯一需要的,是在精神上有革命惡魔的決心之相合的一羣人。這是巴枯甯學說全部的要點。表面上是相似于威特林學說。但是這樣相似,是相似布浪葵學說一樣,僅僅是表面的,問題的難點是巴枯甯甚至於不願聽無產階級奪取政權。他否認一切政治鬥爭的形態,因為那是限於在現存的資產階級社會的基礎上進行,而且有關於創造最有利於無產者的階級組織的條件。這就是馬克思與其他以政治鬥爭及無產階級組織為必需奪取政權的人,在巴枯甯與其徒衆看來,只是阻擋社會革命之來臨的可悲恨的機會主義者的理由。這又是巴枯甯主義者為甚麼準備捉着一個機會,把馬克思認為是實現他的觀念,而不躊躇的捏造國際憲法的人。巴枯甯主義者以公開的通告與書信的形式,用最卑劣的語言,攻擊馬克思;他們沒有恥辱及猶太種族的行動,甚至這樣謊謬的;例如

(231)

認馬克思是畢士馬克的代理人。

巴枯甯與意大利瑞士有聯絡。特別在瑞士的法國領域中，他有許多的信徒。我們不能在這一點上詳細的研究這現象的原因。他的宣傳，尤其是在外來的勞動者間，與開始就蒙受展開的工業競爭之苦害的熟練鐘表工人間，得到成功。

巴枯甯來到巴塞耳會議，得到相當的羣衆囘去。屢次有這樣的事情，最初的小衝突在完全不同的基礎上爆發出來。經常猛烈的反對一切機會主義的巴枯甯，特別頑強的主張立刻廢止遺產權。總務委員會出席的代表，主張這個手段，如在"共產黨宣言"中所指示者，其重要只是在無產階級實現奪取政權上的一個過渡手段。同時必需堅定的主張對財富課以重稅及限制遺產權。可是巴枯甯在邏輯方面，在事實方面，兩不考查。他的這個要求，在宣傳的觀點上看來，是很重要的。當其投票的時候，沒有一個決議得到大多數的通過。另一衝突起於巴枯甯與李布克奈西間。那是在巴塞耳會議上，初次出現一個新的重要的德國團體。這時候，李布

(232)

克奈西與倍倍爾經過同徐維塞耳的激烈的分派鬥爭之後，成功組織一個獨立的黨，於一八六九年在愛曾納黑開成立大會時，接收國際的綱領。巴枯甯在"和平與自由同盟"中的活動與陳腐的汎斯拉夫見解，這一黨的中央機關報徹底的加以攻擊及非難。黑林指出馬克思個人表示反對這嚴酷的批評，但是我們在佛嘉特的插話上，看見他對馬克思主義者的一切行動都負責。巴枯甯利用大會來替自己向李布克奈西復仇。全事件着落於暫時的妥協。

下次大會暫決定在德國舉行。但絕沒有召集。剛好在巴塞耳大會之後，政治空氣變得非常險惡，戰爭有在任何時都可爆發的形勢。世界史上最大權謀家之一的畢士馬克，敏捷的瞞着他以前的教師拿破侖。已經把德國對戰爭準備完畢，所以他把局面轉回來，在全世界的觀察中，法蘭西出現為侵略者。

一八七〇年七月十九日，戰爭事實上已經發生，這是全未豫料到的。無論法國勞動者，德國勞動者都知覺自己無法阻止戰爭。在七月二十三日宣戰後數日，總務委員會發表馬克思起草的宣言。

宣言引用國際的創立宣言起筆，斷言：

"外交政策在追求罪惡的計劃，挑撥國民的偏見，於強盜的戰爭中，散撥民眾的血與財。"

隨着就是激烈的告發拿破侖。馬克思精細的描寫拿破侖反對國際的爭鬥，在法國國際主義者間擴大他對拿破侖的猛烈的煽動範圍之後，國際更加激烈。馬克思附言，無論那一方勝，總之第二帝國的最後的鐘是響了。第二帝國的沒落與牠的發生一樣，將成為遊戲文章。

但是只有拿破侖是罪惡嗎？斷乎不是。我們必定想到歐洲各政府各統治階級，已經有十八年之久，贊助波拉旁扮演改造帝國的喜劇。

自身是德國人的馬克思，幾次攻擊他自己的國家。在德國人的觀點看來，這是一個防衞的戰爭。但是甚麼人把德國擺在必需防衞的地位呢？甚麼人對拿破侖呼出誘惑來攻擊德國呢？普魯士。牠與拿破侖成立協定來反對奧地利，假如普魯士打

(234)

敗時，法國應當把法國兵流入德國。但是普魯士戰勝奧地利後，牠自己怎麼樣呢？以解放的德國代替反對奴隸法國，牠不僅保留了舊普魯士統治的一切魔力，甚至移植入國內以波拉旁統治的一切特徵。

戰爭最初的決定局面，就是可驚的迅速解決。法國軍隊表現出全然沒有準備。法國陸軍大臣自慢的宣言，甚麼事都準備到最最後的鈕扣，其實不然 事實上是假如眞的有鈕扣，而這些鈕扣卻沒有攻擊到甚麼。差不多在六星期中，正式的法蘭西軍全被擊破。在九月二日，拿破侖已經放棄了自己與西登大要塞。九月四日，共和國在巴黎宣告成立。雖然普魯士的宣言是與帝國戰，但戰事依然進行。這轉移入第二的，更長的，更強的局面。

緊續法蘭西共和國的宣言，總務委員會於一八七〇年九月九日發表關於戰事的第二宣言。這也是馬克思起草的，由其深刻的分析歷史時代及眞誠的預言的洞察，這重視爲馬克思著作的最靈感文章之一。

(235)

我們想起馬克思甚至在第一次宣言中，已經豫斷戰爭必定引導第二帝國的破壞。第二次宣言起筆就關說到這個豫斷。他以前對普魯士外交政策所下的判斷，正確的成分幷未減少。所謂防禦戰爭變爲對法國民衆的攻擊戰爭。在西登陷落與拿破侖捕虜以前，不久波拉旁的軍隊的不足信的解散成爲週知的事實；普魯士的軍閥宣言贊成征服政策。馬克思曝露自由主義的德國資產階級的僞善行爲。利用恩格斯所供給的消息，他已經成爲詳細追跡戰爭的發展與豫言西登陷落的專門家，馬克思曝露畢士馬克與普魯士將軍們的合併阿爾薩斯與拉蘭之正當而共同發表的虛爲的軍事意見。

反對一切的合併或賠償。他主張這樣的武裝和平可以引致另一戰爭。法蘭西必然要奪回損失，而且想法與俄羅斯結爲同盟。在克奈明戰爭後失掉霸權的沙皇俄羅斯，必定再成爲歐洲運命的決定者。這靈感的預言，這歐洲歷史所採取的洞察的方向，成爲唯物史觀的本質眞理之簡切實際的證據。牠以以次的話言作結：

(236)

"條頓的愛國者是不是實際的相信由於強制法蘭西入於俄羅斯手中，就可以保證德意志的自由與和平？倘若牠武器的幸運，成功的傲慢，及王朝的隱謀，使德國奪取法國的領土，則剩下給牠的只有兩條路。牠完全冒險成為俄羅斯擴展的"公然"的工具，否則在短期間後，再準備別一個"防禦"戰爭，并不是新造的"地方"的戰爭之一，只是'民族'的戰爭，斯拉夫民族及羅馬民族的聯合的戰爭"。

我們現代的德意志愛國者，有幸運的看見這豫言的最後一字的眞實。

宣言結尾提示當時勞動階級當前的實際問題。警告德國勞動者應去要求名譽的和平及承認法蘭西共和國。又警告處境更困難的法國勞動者，應去嚴厲的監視資產階級的共和主義者，利用共和國來很迅速的發展自己階級的組織與成就自己的解放。

事實立刻全部證明馬克思不信任法蘭西共和主義者，是正確的，他們輕悔的行為，他們與普士

(237)

馬克思成立協定的準備，甯肯給與勞動階級以少許的讓步，這喚起一八七一年三月十八日到五月二十九日的巴黎公社。經過三個月的英勇鬥爭之後，在最不利的條件之下的無產階級專政的第一次經驗失敗了。總務委員會沒有居於給與法國人以必要贊助的地位。法，德的軍隊，把巴黎從法國的他部分及世界的他部分遮斷。公社實際上喚起普遍的同情。甚至於遼遠的俄羅斯，都得有革命的回應。

在公社的存在中，馬克思努力想與巴黎的國際主義者保着連絡。在公社失敗後數日，馬克思應總務委員會之要求，寫一篇有名的宣言。（原註：本宣言於一八七一年五月三十日第一次發表，後題名為"法蘭西之內戰。"）他敢於替全資產階級新聞所污衊的巴黎公社黨員辯護。他指明巴黎公社是無產階級運動進化之巨大的前進一步，這是擔負實現共產主義之無產階級國家的範例。很久以前，由一八四八年革命經驗的結果，馬克思結言就是工人階級在取得政權後，不能夠僅僅單純的掌握資產階級的國家機關，應當最先撲滅資產階級存在其上的官僚機關與警察勢力。公社的經驗證明他的信念是正確的。證實的，無產階級在奪得政權之後，必定要適應自己的需要，創造自己的國家機關。公社同一的經驗，又顯示無產階級國家，不能在一個甚至中央的都市之範圍內存在，無產階級政權，必定擁抱有全國領土，這樣可以捉着成爲強大的機會；爲確保最後的勝利；牠還要遍及於許多資本主義的國家。

巴枯甯及其黨徒所得的結論完全不同。他們更加熱烈的反對政治與國家。他們從慈惠公社加速在各個城市創立起來，這些公社必定刺激他處跟隨照辦。

公社的失敗，引起對國際自身極不利益的結果。法國勞動運動混亂了幾年。這引入國際一大羣公社黨人的亡命者，燃起激烈的分派鬥爭。這個鬥爭達於總務委員會。

德國勞動運勞亦受很嚴重的退步毒害，倍倍爾與李布克奈西，他們抗議阿耳薩斯與洛拉靈的

(239)

合併;他們宣言他們與巴黎公社的關係,被逮捕而判處監禁於要塞中。失了黨的信任的許維塞耳不得不宣告出黨。李布克奈西與倍倍爾的一派,所謂愛曾納其兒派,脫離納薩爾派而繼續工作。(原註:這兩派,馬克思的贊同者與納薩爾的追隨者,一直獨立存在,到一八七五年哥達會議,始重行合併。) 直到政府以相等的暴虐襲擊這衝突的兩派之後,他們才開始接近。這樣,國際在大陸上失掉兩個最大國家的幫助。

更甚,英國勞動運動也發生分裂。這大陸上兩最大產業國家的戰爭,使英國的資產階級受到利益,不下於歐洲大戰之有利於美國資產階級。現在是能夠給與主要產業的多數勞動者以巨大利潤之若干分。工會得到較大的行動自由。從前以反對工會為目的幾種舊法律廢止了。所有這些,都對於在英國工會運動中負重要任務的總務委員會中幾位委員,有牠的影響,在這方面,國際却變為最急進的,在同一方面,許多工會漸漸的更加溫和。他們利用地位來為個人謀利益,而在形式上繼續為總務委員會委員。公社與猛烈的攻擊,來入國際,恐駭了他們。雖然關於巴黎公社的宣言是馬克思應總務委員會之命而執筆,而這些委員急切的放棄這個關係。這成為國際英國支部分裂的原因。

在這樣的情形下,一八七要年九月,國際在倫敦召集一個會議。在這個會議上,討論兩個首要問題,其中一個就是關於在政治分野上的鬥爭的困難問題。與這個問題有關係,巴枯甯主義者提出馬克思捏造國際憲法的問題來重新討論。由通過的決議案給以回答,沒有留一點疑問的影子,這說明巴枯甯派的完全失敗。因為還沒有週知這回事,我們且引用結論的幾段:

"猛烈的蹂躪勞動者在解放上的一切努力,以暴力的假冒的維持階級差別與由所自來的有產階級的政治統治,這種無限制的反動出現……

"勞動階級如入政黨的憲法,必然要保證社會革命與其終結目的,即廢除階級的勝利。

" 由經濟鬥爭所已經影響的勞動階級的力量的團結,應當同時作為牠對地主資產家的政權鬥争的槓桿。

"本會議要求國際的會員：

"在勞動階級的鬥爭狀態中，牠的經濟運動與政治行動要嚴密的聯繫起來。"

會議不得不在他方面與巴枯甯派衝突。不顧巴枯甯如何抗議，總務委員會中，確信他的祕密組織，是依然存在的。所以會議可一決個決議案，嚴禁國際組織中有獨立的綱領來活動的來任何團體。與這一點有關，會議再度承認巴枯甯解放同盟的宣言而且聲明這事件已經完全解決。

但是還有其他的規定，意在毀滅巴枯甯及其俄國黨徒。會議決定以最直率的度態宣言國際對於萊洽意夫事件，全無關係，萊洽意夫只是假借利用國際的名目。

這個決定完全指着巴枯甯而言，我們知道他與一八六九年三月由俄羅斯逃來的俄國革命者萊洽意夫有長時間的關係。同年秋季萊洽意夫囘到俄國，而以巴枯甯的名義，特別組織一個巴枯甯派的團體。懷疑一個名受泛諾夫的學生，是政府偵探，萊治意夫由若干同志之援助，就把他暗殺了，他逃往歐洲。關係於這事件的人，都被逮捕，一八七一年夏季開審，在審判上，檢察方面發表許多文件，無望的混淆了，這與巴枯甯團體的關係，同與國際的俄國支部的關係。這很可以把巴枯甯的手筆來與這文件比較一下，就能夠決定誰是這手筆者。這些文書，與他在歐洲同志之前，因其邀請而講演的宣言，絕不相同。章句是經過萊治意夫的修正與增加，很不容易區別出其表現的生硬與匆率。

這事件一般的由下的方式解釋了。據說巴枯甯是落入萊治意夫的圈套，他欺騙了巴枯甯，利用了巴枯甯，來為他的目的。

實在的，萊治意夫一個無大教育的人，他排斥一切理論的無益，以異常的精力，堅鐵的意志，強固的努力，去為革命。在法庭與監獄中，他表示對人民的壓迫者與掠奪者的剛直的憎意與難抑的恨惡。預備去做一切的事情，假如他認為這是好的手段，只要可以助他達到目的，就犧牲性命，亦所不恤，他絕不卑屈無聊的因個人的理由而停止。在這一點上，不必比較的他是優於巴枯甯，後者是只要可以助之達其個人目的者，絕未躊躇以實現之於一切行為。萊洽意夫的德行的優越，莫有懷疑的餘地。事實上所示的各點，巴枯甯自身完全意識的到的，巴枯甯又如何能夠這樣高的觀察與品評這樣尊敬他的智識的人。

萊洽意夫曾經把他的革命見解來影響巴枯甯，可是從這上面來推論，這是素撲的。相反方面倒還近真理些；他是巴枯甯的學生。但是當我們的荒謬的使徒證明他自己是矛盾的性質與動搖的革命者時，萊洽意夫由他的鐵般的一貫行為表現出來；他從他的先生的理論命題作出一切實踐的推論。當巴枯甯告訴他說，他，巴枯甯，不能拒絕他擔負了的工作（謠譯"資本論"），因為他已經收了譯費，萊洽意夫就勸他解除這個義務，他以很簡單的形式，就把這事情幹了。他寫一封信給巴枯甯與出版者間的介紹人，以"人民復讎"革命委員會，的名義，提出假如他不願意被殺時，最好趕快單獨離開巴枯甯。

此後，代替從事大產業為工人，他總主張流氓

(244)

無產階級是社會革命的實在運行者，他認定罪犯，強盜是吸引入革命階級中最有望的分子，他的學生萊哈意夫就十分一致的達到一個結論，為聚集的目的，有在瑞士組織一個流氓團體的必要。巴枯甯最後與他的學生分離，不是因為在原則上有甚麼分歧，只是他被萊洽意夫的直接行動駭退了。巴枯甯絕不敢把他們的分離公開出來；萊洽意夫執有許多妥協的文件。

剛在倫敦會議之後，一個更野蠻的鬥爭爆發了。巴枯甯派公開宣言反對總務委員會。他們攻擊總務委員會擾亂大會的策術，與在國際中私訂以奪取政權為目的之無產階級組織特殊政黨之必要的獨斷論。他們要求另開大會，徹底的解決這些問題。

這個大會，兩派都極熱狂來的準備，於一八七二年九月舉行。馬克思以個人資格出席，這是第一次。巴枯甯缺席。這次大會通過承認政治行動的決議案。還有一個短的附錄逐字逐句的從國際創立宣言中引下來。

(245)

"自從土地與資本所有者常常利用他們的政治特權，來保護及永續他們的經濟獨占與奴隸勞動後，無產階級最大的義務，就是奪取政權。"

審查關於同盟的一切文件的特別委員會，結論說，國際中是存在有祕密組織之形式的團體的，而且提議巴枯甯及蓋拉蒙的除名處分。會議上通過這個提議。

關於巴枯甯除名處分的決議案，宣稱除上述理由外，巴枯甯的除名還有"私人的理由"。這就是言及萊治意夫事件。可見大會就在純粹的政治立足點上；已經有很多的理由，可以宣告巴枯甯的除名。可是這是很好笑的要轉到一件悲慘的插話上，巴枯甯是以恐佈的咀咒，反對馬克思的理由，而作自己物質上缺陷的犧牲。這還更好笑的是當全事件以下列的度態成立時，論者主張，巴枯甯曾經作了許多著作家所作的事情，就是出版者已經給了他報酬，而他沒有完成他的著作。這是欺騙嗎？自然不是的。但是巴枯甯的辯護者主張馬克思不要非難巴枯甯時，這看來是兩者都沒有了解或忘記了這問題完全不是究竟巴枯甯從出版者收入的稿費是退囘嗎沒有退囘。問題是很重大的。巴枯甯與其友人所見到的僅僅是不過出版者受損失的可變易的，尙且可曉恕的罪過；有一切文件在他們處理中的特別委員會的委員，就感到他濫用連結在多數民衆心中的國際革命團體的名義，這是罪惡；這是以個人的理由，爲要解免自己金錢上的義務的濫用。倘若在委員會手中的文件這時候發表了；這就是供給那時資產階級社會的滿意。那是萊洽意夫寫的；可是內容不但不與巴枯甯的宗旨衝突，還在事實可與這些宗旨相融和。我們必定再說一次，巴枯甯與萊洽意夫的分離不是因爲這些事件，只是因爲他發現萊洽意夫已經甚至於把他認爲是達到革命目的工具。巴枯甯寫給他友人的信件，十分的證明巴枯甯如何暴亂的去投向他的反對者，馬克思也包含在內，不僅以政治的非難，而且以個人的非難。我們現在知道，那有名的革命者指南，散給與萊洽意夫，與在法庭上公布時引起革命者間的一般的嫌惡的，巴枯甯就是此書的著者。巴枯甯的友人頑強的否認他是著者；他們誇大的攻擊萊浴意夫。

　　海牙會議以恩格斯的提議，總務委員會的常在地應當移往紐約而終結。我們已經看見，這時的國際，已經不止在一八七二年以來加入國際卽處刑罰的法國，失掉他的停泊所，就是德國，英國也不行了。那時假定國際的遷移僅是暫時的。可是結果海牙會議成爲在國際的歷史上有任何意義的最後的大會。一八七六年，在紐約的總務委員會發表第一國際宣告解散的通告。

第 九 章

恩格斯移住倫敦

其參加總務委員會

馬克思之病氣

恩格斯之代理職務

杜林駁論

馬克思之暮年

馬克思著作遺產之編輯者恩格斯

第二國際中恩格斯之任務

恩格斯之死

我們現在敘完第一國際的歷史，連敘述恩格

斯的機會都沒有了。國際組織的成功他完全沒有參與，到一八七〇年他才只不重要的，間接的參加了一部分。在這些年代，他爲英國勞勤雜志寫二三論文。他也曾援助馬克思，因爲國際開始的起初數年中，正是他重新處於萬分貧窮的年代。倘若他不是得到恩格斯的援助與乎接受他曾奉獻過"資本論"的舊友，烏爾夫，的小部的遺產，馬克思殆難於戰勝貧困，而且一定沒有時間預備他的紀念碑的著作的出版。這是一封悲痛的信件，馬克思寫給恩格斯說他終竟校對完了這最後的一頁：

"終竟，這一卷完了。我只是爲你欠了牠，這是可能的。沒有你自己犧牲的援助，我自己是沒有辦法去永亘的爲這三卷書工作。我抱着你表示我的感謝。"

恩格斯曾被非難爲他是工業家。我們必定要承認，但是我們還要加一句，他并沒有當幾久的工業家。一八六〇年他的父親死後，他以純粹雇傭者的能力繼續工作。只有在一八六四年，他才成爲公司之一員與工廠管理者之一人。在這時期內，他曾

第九章

經努力於離去這"狗的職業"。但是他所遲疑考量的不是在他自身而是在馬克思。在這一點上，他一八六八年寫給馬克思的信，非常有趣味。在裏面他告訴馬克思，他在進行離開公司協議，但是他總要想法使他自己與馬克思的經濟得到獨立的保證。結果他得到他同夥的承認，他成功了。一八六九年他以能夠援助他的朋友，馬克思，使其脫出於積壓的貧窮之外的條件，脫離工廠。到一八七〇年九月，恩格斯移居倫敦。

恩格斯的到倫敦，在馬克思是超過於個人的幸福；這就是他可相當的減少他在總務委員會所負的巨大工作。許多國家的無量數的代表，他必定親自去會晤或與他們通信。恩格斯在青年時候就顯著有語言學上的優力。他知道怎樣去寫與乎如他的朋友們所戲謔的，他知道怎樣去口吃十二國語言。所以他備具了理想的資格，去擔負與各國通信的工作。除此之外，他有長久的商業經驗，不同於馬克思，使他的工作都得到秩序與效率。

不久他充任總務委員會的委員，他就從事這

(251)

樣的工作，來分擔馬克思過度的貧窮缺乏所與以健康的損害。牠方面的工作，他仍然一樣的努力。一個有能力的人，恩格斯很久就訓練出來有作這種工作的機會，而且從總務委員會的紀事錄中，看出他不久就成為最勤勉的委員之一。

但是這樣的情形他還有另一個方面。恩格斯移居倫敦時，是在與巴枯寧派鬥爭已經開始而且已經在總務委員會中成為問題之後。還有我們知道的，這時候就在英國自己間，亦已有嚴重的意見衝突。簡單的說，就是這時期是在原則與策略的見地上，劇烈鬥爭的時期。

這是一個常識，在沿着純粹原則策略路線的鬥爭，私人分子的好，惡，同情，偏見等，會極強度的混入而使之更為紛雜。在某地方境界內發生的紛爭，有効的消滅牠的方法是暫時變更地方。可是這個方法只在一市，一省，或者一國的範圍之內有効，而在國際之內就全然不適用。解決這個衝突所有的方法就僅有限制了的意義。要解決衝突最好的方法除非是妥協或分裂。

（252）

第九章

我們已經講明國際英國支部內部紛爭所起的客觀原因。若干的國際的歷史家，特別是英國勞動運動的歷史家，沒有，或者不能了解這些事實，從一八六四年到一八七三年，指導國際勞動運動的總務委員會，同時又是英國勞動運動的指導機關。并且，倘若國際的事情影響了英國的運動，那嗎反面也是一樣的正確，就是英國勞動運動的每個變遷，都一定反映到總務委員會的國際作用。我們前章已經指明一八六七年到一八七一年的英國工人得到讓步的結果，城市工人有了選舉權與工會立法，總務委員會的工會委員就開始趨於溫和。愛克里亞司亦傾向於這一方。他現在是聲名嘖嘖的人，又不常與工人見面，對資產階級是成為非常的寬容。但是除了愛克里亞司，總務委員會中亦有不少的人與馬克思的意見不合。

恩格斯之出面為總務委員會之一員，他常是被逼着去代替馬克思，更多着一個個人的分子，使已經緊張了的局勢，更加險惡。恩格斯在滿切斯特住居的二十年中，殆完全與勞動運動失掉關係。

在這時期內，馬克思還是住在倫敦與大憲運動者保持着關係，為他們的刊物寫文章，參加德國的勞動運動與移民生活。他會晤同志，為他們演講，亦屢次引起嚴重的口論，但從全部的關係上看來，我們看甚至於與他在政治上齟齬的人所寫的回憶錄上，與"父親"馬克思是充滿着同志的溫和與親愛。尤其是在國際的時代，這種溫和的關係是建立在工人與馬克思間。總務委員會的委員，在黑暗的居室中去會晤馬克思的，有事去見他的，他的享用沒有過於英國工人，在委員會中知道他的，常常看見他停着他的研究，他愛好的科學工作，抽出時間與精力來為工人階級，都很深切的尊敬他。不要報酬，排斥一切虛飾的利益，拒絕一切勞譽的稱號，不息的工作。

恩格斯的情形就完全與此不同。總務委員會的英國委員完全不了解他。別的委員很少知道他。只有德國同志中還有人記憶起他，可是他就這樣也努力工作的獲得他的地位。因為在許多委員中，他是最富足的一個，他是滿切斯特的工業家，據

（254）

說他二十五年前就以德文寫了一本關於英國工人的書。他差不多沈沒在資產階級的環境中有二十年，與票據市場的狐狼，工業的鷹鷲，混在一起，他總是以端正的行爲著名，具着最廉潔的風度。常常是新鮮，常常甚至於是冷靜的外表，一致的文雅，有軍隊式的範型，不曾出過一字強激的話句。他是沒有辦法的枯澀與冷靜。

這是四十年代時知道他的人給與恩格斯的描寫。我們知道在"新萊茵新聞"的編輯部裏馬克思從來不缺席，恩格斯呢以他智識優越的高慢風姿，很容易惹起嚴重的反感。他不比馬克思衝動，在他個人的關係中，他是非常之不忍耐的，在理想的同志與領導者的烏爾夫與馬克思的衝突中，拒斥了很多的勞動者。

只有漸漸的恩格斯把他自己去適應新的環境，戒絕他從前的習慣。同時這是很難于去糾正的年代，恩格斯屢次代替馬克思，使總務委員會中的緊張情形，更加險惡。這可以留來說明爲甚麼不只是愛克里亞司，就是馬克思的老友，充當了很久的

(255)

國際祕書長的蔣格，他與馬克思個人關係非常密切，他極願意而且極細心幫助馬克思進行重要的義務，現在已脫離這個團體了。

可悲的，全部事情，在這些情形中，是沒有神話與空談。我們已經說過，許多人只是因爲他們不知道恩格斯，所以就不明馬克思爲甚麼這樣的友愛與稱讚他的朋友。我們看英國社會民主主義的創立者海德曼所虛構的卑劣的回憶錄，就知他們的解說是如何鄙陋了。照他們講來，事實是馬克思如此高視與恩格斯的友誼，只因爲後者富有而且以金錢幫助他。幾個英國人的行爲特別輕蔑；其中有一位後來成爲第二國際諸次大會的解說者的某斯密司。在大戰中他同海德曼一樣，成爲有名的愛國社會主義者。恩格斯絕不諒解這誹謗馬克思的他及其他甚麼人。在恩格斯要死的不久之前，同一的斯密司先生來訪問他，他把他趕下樓梯。

但是現在，這七十年代之初，各種最誣蔑形式的中傷，仍然在納薩爾派的德國工人中擴張起來

（256）

他們是來到倫敦。我們知道在俄羅斯外面：巴枯甯與其同派，集中他們的活動在拉丁系的國家，如意大利，西班牙，法蘭西南部，葡萄牙，瑞士的法意地域。意大利特別為巴枯甯所評價，因為有優勢的流氓無產階級，他在這裏面觀察出重要的革命勢力。還有在資產階級社會中沒有希望插足的青年，還有貧農表現其反抗形式的盜匪，四野都是。總之他在俄羅斯接觸的，認為有重要意義的分子如農民，流氓無產階級，強盜，這兒都是廣大的發達着。

各國主要的通訊，仍是在由恩格斯負責辦理。這些通訊，從現在的保存的若干寫本（勤敏的恩格斯，總為自己留下一個副本）中去下判斷。充滿着反對巴枯甯主義者的精神。

對巴枯甯同盟的有名的小册子，即是在海牙會議的委員會的報告，極端嚴酷的攻擊同暴露巴枯甯主義者的政策與策略，就是恩格斯與拉法爾格寫的。馬克思只投寄了結論的一章，雖然他是，自然的，對巴枯甯主義的斷案是完全同意。

一八七三年後，馬克思脫離公衆的舞臺。在這

（257）

年,他完成了他"資本論"的第一卷的第二版,又編輯法國譯本,於一八七五年終竟出版。倘若我們把他為共產主義同盟所寫的一本舊著的附錄,及為意大利同志所寫的小論文都加上去,那嗎總計馬克思到一八八〇年印行的東西,這就是他的全部著作了。如他的風燭殘年所許可的時間,他繼續為他的大著作工作,初稿是馬克思六十年代就完成了的。但是他沒有等到成功把他們印刷出來,甚至於就是他已正的工作的第二卷。我們現在知道他編入第二卷的最後手筆,是一八七八年寫的。一切緊張的智識作業,威脅了他過度使用的難腦。在這些年代中,馬克思的家庭與恩格斯,對馬克思的生命,懷着永常的恐懼,急變始終是要襲來的。曾經為超人間勞動的強大肉體,漸漸地變得衰弱了。恩格斯親近的注盧,任何方法,只要可能的,都努力想去恢復他老友的健康,但是很少效驗。在馬克思大體終了他的著作以後,不久他少許覺得好了一點,死的危險稍為遠退了些。醫生准許他一天勞動三兩點鐘,他還繼續努作。他決不能完成他著作了的意識,使他不息的痛苦。"不能工作,那只是對願意簡單地當一個動物的人,作死的宣告一樣。"到一八七八年以後,他不得不棄去"資本論"著作的勞動而希望有回復健康來爲牠更順利的時候。這個希望是沒有滿足的。可是他還能做剳記;他仍然關心國際勞動運動的發展;他依然參加國際的文化工作,而答覆各國寫給他質疑的信件。他的通信地址表,到八十年代之初,已到很大的數量。這時恩格斯大部分從事於這個工作。他與馬克思一起,他再受派爲急速發展的國際勞動運動交通消息的良好的專門家,"共產黨宣言"的觀念在運動中得到高度的信仰。這件事的名譽,大部分是屬於恩格斯的,他在七十年代中,其時馬克思還生存着,展開了非常勢力的活動。

馬克思主義者與巴枯甯主義者,在第一國際中的鬥爭,常是受人誇張。實際上巴枯甯主義者是極少數,而且他們的分子也非常複雜,他們只在攻擊總務委員會,作暫刻的結合。但是馬克思主義者的事態極爲不利。在馬克思與恩格斯的背面的

(259)

少數人，他們知悉"共產黨宣言"，他們十分理解馬克思的一切學說。"資本論"發刊的最初得到很少的幫助。大多數的人都是對於這花剛石岩的文學的全意義，只能最精細的去嚼，如此而已。七十年代上半年的德國社會主義者的著作，就是馬克思的的學生李布克奈西所寫的小冊子，都顯明這時期對於馬克思主義理論之研究，是可悲的情形。德國的黨的中央機關報的篇頁，常常載滿各種的極奇怪的混淆的社會主義的體系。馬克思與恩格斯的方法，唯物史觀與階級鬥爭說，一切這些都是一本密封了的書。李布克奈西僅僅把握了一點馬克思哲學，他把馬克思恩格斯的辯證法的唯物論，與摩勒司治特，比其勒兒的自然史唯物論相混同。

後來還是恩格斯自己擔負起擁護與傳播馬克思主義的主張的工作，我們知道那時候馬克思是在徒然的想完成他的"資本論"。恩格斯做一篇特別為他申訴的論文。取扱於當代的歷史事實，因此來把科學社會主義與別的社會主義的甚深的差異，作一個情況的分別說明，或者以科學社會主

(260)

義的觀點,給曖昧的實際問題以一些明照,或者示以他的方法的實際應用。

自從德國有名的蒲魯東主義者黑爾柏格在德國社會民主主義的中央機關報上發表一聯住宅問題的論文後,恩格斯認爲這是顯明的分別馬克思主義與普蒲東主義的罅隙之好機會。("住宅問題")。除了爲馬克思的著作"哲學之貧困"的主要附錄之外,他把馬克思主義的明光投向決定勞動階級的主要元素之一。

他把舊著"德國農民戰爭"再版,附以新序,向青年同志解說,示以唯物史觀可以應用到德國史及德國農民的最重大的插話之一去。

當德國國會討論普魯士地主如何去確保其大利潤的營業而陷德國人民爲酗酒者的時候,恩格斯開始寫一本小册子"德國國會中的普魯士火酒"他除了暴露普魯士貴族的願望外,他說明地主與普魯士貴族的歷史作用。所有恩格斯的著作,合着他關於德國歷史的論文,使考茨基與墨林後來可能的把恩格斯的基本思想羣衆化,而且把牠發

(261)

展到他們對德國歷史的著作中。

但是恩格斯最大的貢獻還屬於一八七六年及一八七七年。

在一八七五年的時候，納薩爾派與菲生勒其派根據所謂哥達綱領的基礎聯合起來。這一個馬克思主義與其二重曲解的無聊的妥協，成有名納薩爾主義。馬克思與恩格斯極力的反對，這并不是因為他們反對聯合，只是因為他們要照着他們的提議要求變更綱領。他們主張，理由是雖然聯合是無疑的需要，但是採用惡劣的綱領來作為聯合的理論基礎，這是斷非所望的；最好是延長採用綱領的時期，同時把日常的實際活動，來滿足一般政綱的適施。在這個問題上，倍倍爾，布納克都反對李布克奈西。

數月之後，馬克思與恩格斯確信在理論準備的事實上，兩派都在同一的水平線下。智識分子與勞動者的青年黨員中，著明的德國哲學家與經濟學家杜林的學說，獲得廣大的人心。有個時期間，他當柏林大學的助教授，以他的品格，以他德國教授的不常的大膽言論,博得多衆的同情,雖然他瞎了,他講機械學史,他講經濟學,他講哲學。他的才藝是多方面的;無疑的他有他顯著的品格。當他出來刻骨的批評舉世承認的社會主義學說,尤其是馬克思的學說的時候,他的講義得到可駭異的印像。學生工人都把他認爲是"思想王國的生命之聲"。杜林加重行動,鬥爭,抗議的意義;他力說經濟的要素對立於政治的要素;他指明歷史上武力與暴力的重大性。在他們的論爭中,他枉費精力的不惟沒有罵倒馬克思,他連納薩爾也未傷及絲毫。在他反馬克思的駁論中,他甚至於不羞慚的引證出馬克思是猶太人這種事實。

在恩格斯決心攻擊杜林之前,他躊躇了很久的時間。結果容納幾位德國友人的忿懣,懇請在黨的中央機關報"前進"上發表聯篇的論文,他立意的痛烈批評杜林的見解。這甚至於惹起黨裏面同志的厭惡。杜林的追隨者,後來修正派的理論家柏因斯登,後來德美的無政府主義者摩司特,是最注名的。在德國社會民主黨大會上,有幾個代表,其中有舊納薩爾派的瓦特其，不客氣的攻擊恩格斯。差不多要達到採用這個決議的一點，就是禁止恩格斯的文章，在把馬克思與納薩爾認爲是他們的教師的黨的中央機關報紙上發表。

若不是一位仲裁提議出一種折衷辦法，就是恩格斯的論文不再在中央機關報上繼續登載，但是可以登在特別的附刊上，這不可想像的怪事，如此終了。這個折衷案通過了。

這些論文集合起來，於一八七八年以單行本印行，題名"杜林先生的科學的變革"，後來的名目變爲"杜林駁論"；這是馬克思主義史劃時代的著作（原註：全書之一部分英譯出來題名爲"科學社會主義之路標。"）從這本書開始，七十年代後半期的後一代青年，學到科學社會主義是甚麼，哲學的前提是甚麼，牠的方法又是甚麼。"杜林駁論"證明出來是研究"資本論"的最善的指導書。當時自稱爲馬克思主義者所寫的檢閱的文章，對於"資本論"的問題與方法，都抱着極歪曲的見解。把馬克思主義作爲特殊的方法，特殊的體系去傳布，除開

(264)

"資本論"自身之外，再沒有一本書比"杜林駁論"作成的多了。八十年代初年踏進公衆舞臺的青年，馬克思主義者拍因斯登，考茨基，蒲烈哈諾夫，都是這本書所教育成的。

但是這本書不只在黨的上層留下印跡。因為法國馬克思主義者的懇求，恩格斯在一八八○年抽出幾章來譯成法文，這成為與"共產黨宣言"傳播的一樣寬的馬克思主義的讀物。這就是有名的"社會主義的發展"。牠立刻被譯成荷蘭文。一年半後，被譯成俄文。（一九二八年，才有朱譯的中文全本——譯者）這些都是恩格斯所完成的。其時馬克思還生存着。恩格斯得到他的指導，甚至還得到他的協作。如像在"杜林駁論"中，馬克思自己寫過一全章。

八十年代初期，歐洲勞動運動起了一個變遷。由於恩格斯的不倦的努力及其宏大的通俗化的天才，馬克思主義確實的占定了牠的地位。一八七六年德國社會民主黨被認為非法。經過一時的混亂，馬克思主義重新騰上頂點。倍倍爾在他的囘憶錄

(265)

中，寫着兩個由倫敦來的老人，他們在這件事的轉換上，負着重要的任務，因為在公衆抗議的威脅下面，他們要求停止彼輩所呼的"污辱"，又要求與資產階級發生關係的一切企圖，要徹底的鬥爭。

在法國，一八七九年的馬賽會議上，以社會主義的綱領為綱領的新勞動黨組成，這是一群青年馬克思主黨者，以前巴枯甯主義者格司德為首，立在前鋒。一八八〇年決定製作新的綱領。格司德與其同志到倫敦去晤見馬克思，他積極的參加這個綱領的製作。因為國內宣傳的價值，馬克思不贊成法國人所主張的關於實際工作方面的幾點，他另自進行製作一個綱領的基本原則。他再一度的發揚他的能力，去理解法國的特殊情形，作出法國人能了解的綱領，但是那上面以不可抵抗的邏輯，導出共產主義的基本觀念。法國綱領作為後來許多綱領的模型，俄羅斯的，奧地利的，德國歐佛特的。在格司德與納法爾格作出他們對于綱領的釋義後，柏因司登把他譯成德文，蒲烈哈諾夫把他譯成俄文，以"社會民主主義想做甚麼"的題目印行。

(266)

這本書與恩格斯的小冊子，在最初的俄國馬克思主義者的研究上，與勞動者集團的馬克思主義的教育上，當成教科書用。

馬克思又爲法國同志編一本問答集，作爲調查勞動階級狀況之助。這本書沒有馬克思的署名。馬克思在一八六六年爲日內瓦會議所草的問答集，那不過只有十五問，新問答集就有百問以上，遍及於勞動階級的生活狀況的極細微的地方。這是當時最完璧的調查，亦只有對勞動運動造詣甚深的學者如馬克思才能編得得出來。這書更進一層的證明馬克思接觸具體情形，理解具體現實的能力，而不拘於他有名的嗜好的"抽象方法"。分析現實與從這些分析的基礎上，得到一般的結論的能力，沒有表明現實性缺如，也莫有表明模糊的抽象之飛翔。

馬克思與恩格斯很注意的追跡俄羅斯革命之發展。他們研究俄國語言。馬克思晚年才研究牠，但是他熟練的程度，已足以讀多布羅里亞博夫，起爾里希夫斯基，甚至於這些著作家如薩爾體柯夫，

(267)

習德林（文學批評家與社會學著作家）的著作，他們是特別爲外國讀者所難於了解的。馬克思差不多可以讀他的"資本論"的俄文譯本。他在俄羅斯的普遍的著名，在海牙會議之後，更確實的增高起來。在他對於資產階級的政治經濟的批評上，他被認爲有絕大的權威，并且他直接間接的，對於大部分俄羅斯經濟的及政治的著作家，留着影響。拉夫羅夫及其追隨者，就直接受馬克思的影響。雖然他把馬克思的唯物主義插入一些唯心的觀念。後來在他們的歷史上，俄國的巴枯寧主義者也對馬克思表示大大的尊敬。最大的馬克思主義者如蒲烈哈諾夫，薩薩里其，阿勒克塞耳羅德，他們早年都是巴枯甯主義者。馬克思與恩格斯對知名爲"拉羅拉亞佛爾亞"（人名之意志）的運動，大爲評價。（原註：人民派的社會主義者的團體，於七十年代時期中，在俄羅斯極爲活動，一八八一年三月十四日亞力山大二世的暗殺案，就是他們活動的頂點。）

很多馬克思的劄記與信扎，顯出馬克思如何

（268）

精細的去研究俄國文學及俄國社會經濟的關係。關於俄國農業狀況的全部材料的收集，他不僅指出俄國荒歉的主因，他還定出荒歉的週期律。他的推論，可以滿足的解釋迄今的歷史，與乎蘇俄前次的荒歉。很多俄國材料，馬克思立意要利用來在"資本論"第三卷中農業問題上研究的，因為他不再恢復的健康，致歸於無用。馬克思留下的手記的材料，共有四綴草稿，是答覆薩薩里其的俄國公有土地制（米爾）的質問的回信。（原註：為李阿薩諾夫所發現，現刊於"馬克思恩格斯記錄"第一卷三一八至三四三頁中。）

馬克思生命的最後一年半，簡直是漸次的死的過程。在他面前，攤着他大著作的稿紙，他還有一息的生命時，他都動着筆。在他成熟的時期，他創製他巨大著作的主要輪廓剛好寫成草稿，表現出資本主義生產與交換的基本法則。但是他已經沒有這個力量把牠移植入如像"資本論"第一卷那樣生動的機構中去了。

最後，當命運殆同時引來他的妻子死亡的二

(269)

大打擊時，他急性的，病久的，羸瘦的身心，何以能經受這個震撼。嚴酷的馬克思，看來是很不可思議的，是一個極忠實家庭的人，而且在個人關係上，是非常優美的。讀馬克思寫給他女兒的信，他是如何的悲傷，他女兒的死，使他最新近的友人，恐怕他要長往不返，我們一定要奇怪這個嚴酷的人，何處得來這樣溫柔敏感的泉源。

俗物與後起的革命家，讀到馬克思生命最後的一頁時，是驚駭惶錯。他們確信那是不好的，一個革命家把他的一部分能力分到革命以外的事去。在常是一時間的騎士的他們的意見，以爲眞正的革命者，應當所有的時間，他生命的一分鐘，都要守護。他們必然造形爲一個革命的石塊，而離去人間的情緒。

我們必須從人間的判斷。我們都要抱着這個思想，我們所尊敬的同時又畏佈的人，在像我們自己的這類人之後，他們不過聰明一點，多受了一點教育，在革命道程中更爲有用而已。只有在舊的假古典的戲劇中，才表現出這樣的人是英雄；他們走

（270）

第九章

着,山都要動搖;他們跳着,地球都要破裂;就是他們一食一飲,都與英雄一樣。

馬克思,亦是的,常常被描寫成上面的風格。從可愛的老采地金對他的敍述上,就顯出這樣的度態,他常帶着高超的嚴肅的調子。馬克思由這樣再現出來的時候,那看來是人都忘記了他自己,答覆甚麼是他愛誦的口號時,他一定答着"我是一個人,我對人世全無關係。"既沒有罪惡外來加之於他;他卻不止一次的後悔某處他的過信,與又某處他的不可隱的不公。他的讚賞者的一些人,很容易諒解馬克思强度的嗜酒,(因爲馬克思的家鄉是摩基耳)但是他們卻不容易忍受他的不息的抽烟。他自己常戲言他從賣"資本論"所收得的報酬,不夠付他著作"資本論"時所消耗的淡巴菰的代價。因爲他的貧窮,他只好抽最賤等的烟;他大部分的生命與健康就這樣的抽去了。這是他晚年得到特別惡性的慢性氣管支炎的原因。

馬克思於一八八三年三月十四日逝世。恩格斯在右邊,當馬克思死那一天,他寫信給舊同志沙

(271)

基（他是一八七二年紐約本部的交通者，改任第一國際的祕書。很活動於德美勞動運動，一直到一九〇六年他死）說：

"自然法則所規定一切現象，就是最可恐懼的，不是沒有牠們自身的慰籍。現在就是這種情形。療治術或者可以使他的生命更多幾年的徒食的生存，無救的人的生命，爲醫生們熟練的貢獻所維持，使他緩緩地而不是突然的死去；但是這樣的生活，馬克思到底有所不堪。當前存在着許多未完的工作，而忍受着單搭拉斯的痛苦，想着無法去把牠們進行去一個結果來這使他感到千萬倍痛苦，倒不如落到命運上來的和平的死去。

"死，幷不是死者的痛苦，只是生者的痛苦"，這是他熟習的愛皮克拉司的話，但是看見這偉大的天才像一件壞物樣靠着藥石的大光榮拖着牠的生存，又聽着在他的全盛時代他曾嚴厲的攻擊過俗物的饒舌，不然，實際上發生的事是千倍的巧妙；不然，牠將是千倍的更巧更妙；後天，我們就把他送到他的妻永眠的墓場中去了。

(272)

"在我個人的意見，他生前遭遇的一切，我比所有的醫生知道的更清楚，這是沒有甚麼選擇的。

"事情就這樣罷。人類終竟失掉牠的頭腦，人類曾經很合適的最惠賜的頭頭。

"無產階級的運動今後仍然繼續前往。但是中心是沒有了。在危急存亡的時候，法國人，俄國人，英國人，德國人所急求援助的中心，他們從那裏接受到明確的無可辯駁的進言，而這些進言只能由有他完全把握的主見的天才，才能夠結與。"

橫在恩格斯面前的一些非常煩惱的問題。德國語中的大著作者與大文學家之一，博學者同時又是若干人類智識的領域中的專門家，他應否退為第二位，當馬克思還是生存的時候。

"我希望在這裏准我由我個人的說明作一點標號。近來常常有人對於表式理論之我的方面加以考量，所以我差不多不能卸責，有以少數語言，對這個題目作最後說明的必要。

"我不能否認在與馬克思共同工作以前及其間，對於理論的規劃，尤其是建設，我有我獨立的

(273)

部分。但是特別在歷史與經濟領域中的基礎的指導思想，與乎牠們之決定而銳利的敍述，這是屬於馬克思的。我所寄與的甚麼，馬克思可以不需我的幫助而容易的獨力做成，例外也不過是二三種專門智識，但是馬克思所作的，則我絕不能做到。馬克思站得很高，看得很遠，比我們所有的觀察都較爲寬擴，較爲深切，較爲敏銳。馬克思是天才，我們至多是聰明而已。倘若沒有他，我們的理論將要比現在的理論差得很遠。這理論當然只有是他的名字"（見恩格斯著："費爾巴哈與古典哲學之終結"，一八八八年版第三頁。）

恩格斯，照他自己的說法，他現在是要奏第一提琴；他終身是奏的第二提琴，而時常感到大的歡喜的是這第一提琴爲馬克思奏着，而彈出稀代的宏音。兩人都奏着只有他們容易讀認的提琴曲譜。最先落在恩格斯身上的黑爾克爾（希臘神話中的大力神的神名——譯者）的工作，就是整理馬克思的著作遺產。相反於一位意大利教授的小的暗示，他曾經訪問過馬克思，而且表示過他最發抖的

(274)

阿諛，但是現在他公然敢於在印刷物上，提出馬克思"資本論"第一卷，第二卷，第三卷中所註的參攷，僅不過是核算出來欺騙公衆的，馬克思的遺書證明有第二卷，第三卷，甚至第四卷的手稿。所有這些遺留，不幸都亂雜無章，恩格斯所處的地位，又不能把全時間來對付這個工作，這就不得不使整理這些文章的工夫，費了十一年的時間。馬克思寫的非常模糊，又常常用他自己發明的速記字母。在他死的不久以前，這是很明白的了，他沒有法子完成他的工作，馬克思關照他的幼女，或者恩格斯對於這些文書能夠有所從事。

　　幸好恩格斯能夠把他的著作的主要部分成功。他編纂成第二卷，第三卷。我們要承認除了恩格斯，殆難於覓人去從事這個大工作。這兩卷不免有些缺點，但是現在版了，恩格斯的名字足以與馬克思比肩。我們要確保馬克思的這些原跡，還是一樣的在恩格斯手中，這是很少有的希望。除第一卷的例外，馬克思的"資本論"對於我們是親切的經過了恩格斯的顚倒。

以前,特別是在第一國際崩壞之後,馬克思與恩格斯共同共擔負前總務委員會的工作。現在各社會主義團體的仲介與連絡關係的事務,與乎通訊的商酌與摘要的事務,從未見有的增大的担負,集於恩格斯一身。馬克思死後不久,國際勞動運動顯出生命的活躍的象徵。一八八六年開始談判新國際的組織。但是就在一八八九年後,就是在組織第二國際的第一次大會後,一直到一九〇〇年,都沒有設立常務的中央局,恩格斯以著作家及顧問的資格,對於歐洲各國的勞動運動,積極參加到活躍的地位。從前包括各國不少的委員與祕書的舊總務委員會,恩格斯重新把牠整飭起來。不久各國都有新的馬克思主義者,他們都轉向恩格斯來質訊疑難。以他的神祕的語言智識,他可以正確的,或夾雜一點兒錯誤的,利用各國的語言去答覆他們。他讀各國出版的勞動運動有關的著作原文,去研究他們的運動。這費去很多時間,但是這使他利用馬克思公式的敏活的應用以適應各國的特殊情形,在那些國家中,發展了馬克思主義的勢力。從

(276)

文字上講，以恩格斯著作家的能力沒有一國沒有他的文字蹤跡，我們發見他不只與德，奧，法等國的機關報寫論文，他還對"共產黨宣言"的波蘭譯本做新的序文，以他的商確與提議，去幫助西班牙，丹麥，保加里加，塞耳比亞的馬克思主義者。

恩格斯對俄國青年馬克思主義者所給與的幫助，有特殊敍述之必要。自從他懂俄國語言後，他就直接的立刻的與俄國的馬克思主義著作相接觸。而且只因為他的影響，雖然有"拉羅拉亞佛爾亞"的無數威名，"勞動解放團"（原註：最先的馬克思主義組織，是蒲烈哈諾夫，薩薩里其，愛克思羅耳德，獨愛西等人在一八八三年組成的，為一八九八年"社會民主工黨"之前驅。）才能夠急速的與德國的馬克思主義相結給合。這只因為恩格斯，他們才能夠克服西歐，尤其是德國，對於亞細亞國家如俄羅斯的勞動運動與馬克思主義之不信任。一八八七年，蒲烈哈諾夫特別到倫敦去會晤恩格斯，而且使他了然於俄國革命運動的趨勢。恩格斯甚至於為最先的俄國馬克思主義者的雜誌，寫一

（277）

篇關於俄國沙皇政治的外交政策的論文。

恩格斯不久得到他熱力活動的結果。第二國際組織成功的時候，恩格斯沒有直接參加大會工作。他避免公開的出現，他爲當時參加各國勞動運動的領域的他的弟子加以指導；他們當有甚麼重要的事情發生後就報告他，要求他的權威的指導與認可。有些黨，他們在國際裏保持着戰勝的大勢力，都感謝恩格斯的後援。直到他生命的終末，只是與各國首要黨的指導者作經常交通，結果引起若干矛盾。這樣，他一方立刻起來爲農民問題反對法國馬克思主義者的惑溺與擁護綱領的無產階級性，他方他降伏在德國同志之前，因爲他們恐怕社會主義鎭壓律的復活，要求他把他在馬克思的研究的"法國的階級鬥爭"上的激烈序言改緩和一點，這是一本明白的徹底應用階級鬥爭與無產階級專政的觀念的書、

在"共產黨宣言"的德文本第四版的序言上，是一八九〇年爲祝賀第一國際的第一個五月寫的，於指出國際勞動運動之可驚的發展後，恩格斯

（278）

第九章

表示他的遺憾，可惜馬克思沒有親眼看見這個盛況。當其馬克思只為勞動階級運動的先進分子所知道的時候，恩格斯知道廣告的意義，與對資本家新聞雜志想把馬克思的"資本論"蒙以黑的屍衣的反抗，但他不下於他的老友的排斥任何種自家的廣告，到他的生命的末期，他成為國際勞動運動的最知名的人物之一。他有機會去確信自己，他服從他的朋友們的主張，於一八九三年訪問歐洲大陸。羣衆的喝采歡聲，為納薩爾之所曾接受者，不僅是宣傳的手段，也是羣衆之上的指導者的出衆的，廣知的，高賭的手段，只因為勞動運動的廣大的發達，這才達到廣大的程度。同樣的喝采準備起來在撒兒里希大會上歡迎恩格斯，他只願意作一來賓，可是在歡迎式之末，應羣衆的希望，他作一度簡單的演說。

　　恩格斯不與馬克思相同，他差不多到七十五歲還有工作的精力。終竟在一八九五年他寫給阿德勒爾一封有趣的信，內容是提示他如何去讀"資本論"第二卷第三卷。差不多同時候，他又寫一篇

(279)

第三卷的有趣的附錄。他已經預備好要去寫第一個國際史。在他的精神勞動最熱中,他突為殘酷的病魔所襲,一八九五年八月五日,永眠不起。

馬克思是葬在倫敦,與他的妻孫同一墓地。標識着一個單調的墓碑。當倍倍爾寫信給恩格斯,說他想提議在馬克思墓前,建立一個紀念碑,恩格斯答覆他說,馬克思的女兒徹底的反對這個提議。恩格斯死後,火葬正開始流行。恩格斯在他的遺囑上,要求把他的遺體付之火葬,而將屍灰撤諸海中,他死了,就引起到底遵不遵行他的遺囑的爭持。德國的多數同志,對於放棄築墓與立碑的觀念,非常厭恨。所幸其他很多的同志。都主張應力守遺囑。他的遺體付之一炬,屍灰盛入罐中,投入碧波的海中去。

馬克思與恩格斯死後的紀念碑,比任何花崗石的還要堅固,比任何墓誌銘還要偉大。他們留給我們的有科學的研究方法,有革命的戰術與策略的法則。他們留給無盡藏的智識的寶庫,現在還成為是研究現實與理解現實之源源不盡的泉源。

(280)

附　　錄

馬克思・恩格斯著作書目：

Ⅰ 馬克思：

1. 萊茵新聞（編輯）
2. 德法年書（編輯）
3. 聖神家庭(1845)
4. 共產黨宣言(1848)
5. 哲學之貧困(1847)
6. 新萊茵新聞（編輯）
7. 工錢勞動與資本(1849)
8. 二月十八(1852)

9. 革命與反革命(1852)

10. 巴摩爾登：他幹了甚麼？(1855)

11. 政治經濟批評(1859)

12. 佛嘉特先生(1860)

13. 價值價格及利潤(1865)

14. 資本論第一卷(1867)

15. 法國內戰(1871)

16. 哥達綱領批評(1875)

17. 法國階級鬥爭(1876)

18. 東方問題(1877)

19. 人民新聞(投稿)

20. 紐約郵報(投稿)

II. 恩格斯：

1. 英國勞動階級狀況

2. 共產黨宣言初稿

3. 德國農民戰爭

4. 住宅問題

5. 德國國會中的普魯火酒

6. 杜林駁論

7. 社會主義的發展（卽空想社會主義與科學社會主義）

8. 費爾巴哈論

(3)

中英特種名詞對譯

(1)

第 一 章

馬克思

恩格斯

特里夫

萊茵普魯士

巴門

七月革命

產業革命

拉德黨運動

拉德

拿破侖

莎皇

羅伯斯庇爾

馬拉

雅各賓黨

Karl Marx(1818-1883)
Friederich Engels(1820-1895)
Treves
Rhenish Prussia
Barmen
July Revolution
Industrial Revolution
Luddites Movement
Lud
Napoleon
Tsar
Robespierre
Marat
Jacobins

(3)

巴士蒂爾

聖比得堡

蘭底契夫

通訊會社

哈代

蒲萊士

哈爾克洛夫

曼切斯特屠殺案

聖比得場

比得盧之戰

六條例

緘默律

聯合條例

路易十八

波旁

亞力山大一世

腐敗選舉區

搭利派

揮格派

（ 4 ）

Bastille
St. Petersburg
Radischev
Corresponding Society
Thomas Hardy(1752-1832)
Francis Place(1771-1854)
Thomas Holcroft(1745-1809)
Manchester Massacre
St. Peter's Field
Battle of peterloo
Six Acts
Gag Laws
Coalition Laws
Lauis XVIII
Bourbon
Alexander I
Rotten Boroughs
Toris
whigs

(5)

倫敦工人聯合會

拉佛

黑塞靈頓

澳大利亞

鈕西蘭

大憲章

阿靈

菲立蒲

里昂

布浪葵

第 二 章

神聖同盟

梅特湼

沙德

苟士布

十二月黨

柏湼

巴威

London workingmen's Association
William Lovett(1800-1077)
Henry Hetherington(1792-1849)
Australia
New Zealand
Charter
Orleans
Louis Philippe
Lyons
Auguste Blauqui(1805-1881)

Holy Alliance
Metternich
Karl Sand
August Kotzewe
Decembrists
Ludwing Börne
Bavaria

(7)

衞斯

西本費夫

哈夢巴黑

柏克

佛蘭克佛

莎蒲

海市

維蒂

比勒爾

"巴敦之死"

李布克奈西

夏士特

正義同盟

海涅

納薩爾

海甯·馬克思

狄德羅

佛爾物耳

洛克

(8)

Wirth

Ziebenpfeifer

Hambach

Johaun Philip Becher(1809-1886)

Frankfort

Karl Schapper

Hesse

Weidig

George Buchner(1813-1837)

"The Death of Danton"

William Liebknecht(1826-1900)

Pheodor Schuster

Leaque of The Just

Heinrich Heine

Ferdinand Lasselle(1825-1864)

Heinrich Marx

Diderot

Voltaire

Loche

(9)

猶太教

黑林

薩林根

勒漠晒特

巴門愛比非爾

摩塞利

波昂大學

少年黑格爾派

耶拿大學

勒愛恩

爾滿

六爾文教

布勒門

奧茲瓦特

瓦培爾薩爾

巴枯甯

奧嘉到夫

夫羅諾夫

謝林

(10)

Judaism
Franz Mehring(1846-1919)
Solingon
Remscheid
Barmen-Elberfeld
Moselle
University of Bonn
Young Hegelians
University of Jena
L'Ange
Erman
Calvinism
Bremen
Oswald
Wupperthal
Michael Bakunin(1814-1876)
Ogarev
Frolov
Schelling

比爾士基

"啟示的哲學"

"馬賽歌"

布爾

"哥隆公報"

海斯

"萊茵新聞"

露格

"德法年書"

第 三 章

"空想社會主義與科學社會主義"

聖西蒙

傅立葉

歐文

康德

費希特

黑格爾

費爾巴黑

Bielinsky
"Philosophy of Revelation"
"Marseillaise"
Bruno Bauer
"Cologne Gazette"
Moses Hess(1812-1875)
"Rheinische Zeitung"
Arnold Ruge
"Deutsch-Französischen Jahrbücher"

"Socialism: Utopian and Scientific"
Saint Simon(1760-1825)
Charles Fourier(1772-1837)
Robert Owen(1771-1858)
Immanuel Kont(1724-1804)
Johaun Fichte(1762-1814)
G.W.F.Hegel(1770-1831)
Ludwig Fluerbach(1804-1872)

(13)

薩巴阿斯聖主

渥德

羅歌斯

希伯萊神

何爾巴哈

"自然體係"

莫斯科

"純粹理性批評"

"實用理性批評"

蘭蒲

拉蒲萊司

枯嶺寺堡

煙士披里純

正

反

合

辯證法

"基督教之本質"

"神聖家庭"

(14)

Lord of Sabaoth
Word
Logos
Hebrew God
Holbach
"System of Nature"
Moscow
"Critique Of Pure Reason"
"Critique of Practical Reason"
Lampe
Pierre Laprace(1749-1827)
Köningsberg
Inspiration
Thesis
Antithesis
Synthesis
Dialectic
"Essence of Christainity
"The Holy Family"

(15)

第 四 章

"共產黨宣言"

共產主義同盟

"佛嘉特先生"

司特克諾夫

威特林

"人類現在與人類將來之任務"

"調和及自由之保證"

萬國民主主義友愛協會

布爾

莫爾（摩爾）

蒲魯東

摩士德

約翰

西德麗娜

不律塞

陛威爾斯

(16)

"Communist Manifesto"
Communist League
"Herr Vogt"
U. Steklov
Wilhelm weitling(1809-1864)
"Mankind As It Is and It ought To Be"
"Guarantees for Harmony and Freedom"
The Society of Democratic Friends of all Nations
Heinrieh Bauer
Joseph Moll(1811-1849)
Pierre Proudhon(1809-1865)
Münster
John of Leydon
Cinderella
Brussels
Verviers

安勒苟夫

烏爾夫

"資本論"

保恩

相互關係共產主義者委員會

比爾(誤,應作布爾)

"共產主義者"

伊家里

柯柏蒂

白比爾(誤,應作布爾)

二月革命

"英國勞動階級狀況"

"財產是甚麼?"

格恩

"困貧的哲學"

"哲學的貧困"

(18)

Annekov

Wilhelm Wolff(1809-1164)

"Das Capital"

Stefan Born(1124-1199)

Communist Comminttees for Interrelation

"Communist"

"Icaria"

Cabet

February Revolution

"Condition of the Working class in England"

"What Is Praperty?"

Karl Grün(1313-1884)

"Philosophy of Poverty"

"Poverty of Philosophy"

(19)

第 五 章

哥加克

威理其

胡羅康

赫咮喜

哥降工會

卡份雅克

"勞動者同胞"

"新萊茵新聞"

摩耳(誤,應作摩爾)

西俾利亞

"工錢勞動與資本"

胡麗利拿斯

勒司能

吉可比

北軍(誤作南軍)

第 六 章

(20)

Gotschalk

August Willich(1810–1878)

Ferdinand Flocon(1800–1866)

Georg Herwegh(1817–1875)

Working men's Union of cologue

Cavaguiac

"The Brotherhood of Worhers"

"Neue Rheinische Zeetung"

Westphalia

"Wage-Labour and Capital"

Ferdinand Freiligrath(1810–1876)

Friederich Lessner

Abraham Jacobi

"魯易波勒旁之二月十八日"

威德點葉兒
"紐約郵報"
丹拿
"德國之革命與反革命"

基督的墳墓
達達尼爾海峽
克奈明戰爭
帕摩爾司頓（巴摩耳斯登）
"人民新聞"
大德意志派
小德意志派
阿斯利
撒地尼亞
倫巴底
維尼斯
尼斯

(22)

'Thvoe ~~Eighteenth~~ Brumaire of Louis Bisconaparte

Joseph ~~Weydemeyer~~

"New Yo~~rk Tribune~~"

Charles Dana

"Revolution and Counter-Revolution and in Germany"

Saviour's tomb

Dardanelles

Crimean War

Palmerston

"Peoples Paper"

Great German Party

Little German Party

Orsini

Sardinia

Lombardy

Venice

Nice

(23)

薩伏衣

加里波的

奈斯（误，即上文尼斯）

佛嘉特

蒲朗蒲郎公爵

布頓德

阿士堡

"政治經濟批評"

巴士克

吉修派（耶穌會）

蘭萃

弗事大夫（莎士比亞戲劇"查理王"中之一丑脚之名。

葡萄彈太子威廉

畢士馬克

萊比錫

工銀鐵則

第 七 章

土地與自由協會

(24)

Savoy

Giuseppe Garibaldi(1807-1882)

Karl Vogt(1817-1895)
Prince Plon-Plon
Karl Blind
Augsburg
"Critique of Political Economy"
Pascal
Jesuits
Lessing
Falstaff
Welhelm, The grapeshot Prince
Bismarck
Leipzig
Iron law of wages

Laun and Freedom Society

瓊司（誤譯覺勒）

斯蒂芬

克余門

海德公園

阿德格

何威爾

蘇維埃

勒菲

拉弗爾格

朗格特

克里蒙梭

倫敦國際展覽會

卡蒂柯夫

馬勒菲夫

比斯勒

托蘭

比露秋

"六十人宣言"

"勞動階級的政治能力"

(26)

Ernest Jones(1819-1868)
Joseph Stephens(1809-1879)
Cremer
Hyde Park
George Odger(1820-1877)
George Howell
Soviet
Armand levy
Paul Lafargue
Charles Longuet
Georges Clemenceau
The London International Exposition
Katkov
muraveiv
E.S. Beesly(1831-1915)
Henri Tolain(1828-1897)
Perruchou
"Manifesto of The Sixty"
"The political Capacity of The Working

(27)

聖馬丁堂

愛卡里阿斯

勒斯勒兒（照前譯，作勒司能）

蒲發得兒

公共同盟

國際工人協會

老勒爾

馬志尼

第 八 章

歐佛爾特

格耐門

"國際史"

"人權論"

徐維塞爾

哈諾夫爾王國

海士（誤，應照前譯海市）

納薩勒

Class"
St. Martin's Hall
J. G. Eccarius

Pfänder
The Common League
International Workingmen's Association
Lochner
Giuseppe Mazzini(1805-1872)

Erfurt
Guillaume
"History of The International"
"On The Duties of man"
J. B. Schweetzer(1833-1875)
Hanover Kingdom

Lausanne

(29)

和平與自由同盟

門羅主義

盧森堡大公國

巴塞耳

波黑米亞

綴士登

薩克孫

許侶塞耳堡

黑爾孫

倍倍爾

愛曾納黑

西登

阿爾薩斯(襄字誤)

勞倫(拉蘭誤)

巴黎公社

"法蘭西之內戰"

愛曾納其兒派

哥達

萊哈意夫

(30)

League for Peace and Freedom
Monroe Doctrine
Grand Duchy of Luxembourg
Basle
Bohemia
Dresdon
Saxon
Schlüsselburg
Alexander Herzen(1812-1870)
August Bebel(1840-1912)
Eisenach
Sedan
Alsace
Lorraine
Paris Commune
"The Civil War in France"
Eisenachers
Gotha
Nietchayev

伊凡（愛泛，誤）諾夫

第 九 章

愛克里亞司（照前譯愛卡里阿斯）

蔣格

淘德曼

拉法爾格（照前譯拉弗爾格）

"德國農民戰爭"

摩勒碩特

比希勒兒

美兒柏格

"住宅問題"

菲生勒其派（誤，照前譯愛曾納其兒派）

"德國國會中的普魯士火酒"

佈納克

杜林

"前進"

柏因斯登

(32)

Ivanov

Hermann Jung
Henry Mayers Hyndman(1842-1923)

"The Peasant War in Germany"
Jacob Moleschott(1822-1893)
Ludwig Büchner(1824-1899)
Mülberger
Die Wohnemgsfrage"

"Prussian Schnaps in the German Reichstag"
Wilhelm Bracke(1842-1880)
Eugen Dühring(1833-1901)
"Vorwarts"
Edward Bernstein(1850-)

(33)

摩士特

瓦特其

"杜林先生的科學的變革"

"杜林駁論"

考茨基

蒲烈哈諾夫

梅司德

多布羅里亞博夫

車爾里希夫斯基

薩爾體柯夫

習德林

拉夫羅夫

鏵薩甲其

阿勒克塞耳羅德

杜芝

拉龍拉亞佛爾亞

朱地金

沙基

(34)

Johnn Most(1146-1906)

Walteich

"Herrn Eugan Duhring's Umwalzuug der Wissenschaft"

"Anti Duhring"

Karl Kautsky(1854-)

George Plekhanov(1857-1918)

Jules Guesde(1845-1921)

Dobrolyubov

Chernishevsky

Saltikov

Schedrin

Peter lavrov(1823-1900)

Vera Sassulitch(1851-)

Paul Axelrod(1850-)

Leo Deutsch(1855-)

Narodnaya Volya

Clara zetkin

F.A.Sorge

"費爾巴黑與德國古典哲學之終結"

黑爾克爾

"法國的階級鬥爭"

撤兒里希

阿得勒爾